À plus! 4

Nouvelle édition

Dialogkarten

Cornelsen

À plus! 4
Dialogkarten

Im Auftrag des Verlages erarbeitet von: Lara Nikolic
und der Redaktion Fremdsprachen in der Schule: Burcu Kiliç, Sandra Brandstetter

Illustrationen: Laurent Lalo
Umschlaggestaltung: werkstatt für gebrauchsgrafik, Berlin
Layout und technische Umsetzung: graphitecture book & edition

Umschlagfoto: Glow Images: GRAPHEAST RM (links), © Shutterstock / Edyta Pawlowska (rechts)

www.cornelsen.de

1. Auflage, 1. Druck 2016

Alle Drucke dieser Auflage sind inhaltlich unverändert
und können im Unterricht nebeneinander verwendet werden.

Druck: H. Heenemann, Berlin

ISBN 978-3-06-520777-5

PEFC zertifiziert
Dieses Produkt stammt aus nachhaltig bewirtschafteten Wäldern und kontrollierten Quellen.
www.pefc.de

Inhaltsverzeichnis

Didaktische Hinweise

Mit den Dialogkarten wird das dialogische Sprechen in Partnerarbeit in 12 ausgewählten Situationen trainiert. Die Dialoge sind in Situation, Lexik und Grammatik genau auf die Progression von *À plus!* 4 *Nouvelle édition* abgestimmt. Die Karten eignen sich zur Übung, zur Vorbereitung der *À plus!*-Lernaufgabe am Ende der jeweiligen Unité, aber auch zur Vorbereitung einer mündlichen Partnerprüfung.
Außerdem dienen sie der Wiederholung. An jeder Stelle des Buches können Sie Ihren Schülerinnen und Schülern die Dialogkarten zu den schon behandelten Unités austeilen und sie damit selbstständig wiederholen und üben lassen. Legen Sie dazu die Karten vorne auf den Lehrertisch: Die Schülerinnen und Schüler arbeiten zu zweit und holen sich – nachdem sie einen Dialog geübt haben – neue Karten bei Ihnen ab.

Für jeden Dialog gibt es vier Varianten, die zu einem Ergebnis führen:

○ **Die einfache Variante.** Handlungsanweisungen auf Deutsch stehen auf der Karte. Die Schülerinnen und Schüler verwenden die französischen Bausteine, um den Satz zu bilden. Hier sind keine Lösungen vorgegeben.

○ **mit Lösungen**: Die leichte Dialog-Variante mit den Partnerlösungen zur Selbstkontrolle: So können die Schülerinnen und Schüler sich selbst korrigieren und eigenständig üben und wiederholen.

● **Die anspruchsvollere Variante** gibt Handlungsanweisungen auf Deutsch vor. Die Schülerinnen und Schüler übertragen diese ins Französische mit ihren eigenen (in der Unité gelernten) Worten und Wendungen.

● **mit Lösungen**: Die schwierige Variante mit den jeweiligen Partnerlösungen zur Selbstkontrolle.

Die Schülerinnen und Schüler arbeiten zu zweit. Ein Kartenpaar besteht aus einer Karte für Partner A und einer Karte für Partner B. Der Redebeitrag des Partners wird jeweils über „A: ..." / „B: ..." gekennzeichnet.

Sie setzen die Karten zum ersten Mal im Unterricht ein:
Es bietet sich an, den Aufbau der Karten mit den Schülerinnen und Schülern anhand eines Kartenpaares exemplarisch durchzusprechen oder sogar durchzuspielen und ihnen den Umgang damit zu erklären.
Vor Beginn des Dialoges ist es wichtig, dass die Lernenden eine Phase von ca. zwei bis drei Minuten einhalten, in der sie die Rollenbeschreibung sowie die Wortvorgaben für das zu führende Gespräch aufmerksam durchlesen. Die Partner verständigen sich über eventuelle Fragen untereinander und klären Situation und Rollen zu zweit.
Leistungsstärkere Gruppen/Paare können Sie auffordern, die Vorgaben sprachlich auszugestalten und durch eigene Ideen das Gespräch zu erweitern.
Zur Festigung der vorgegebenen Strukturen tauschen die Lernenden die Rollen nach dem ersten Einsatz untereinander und sprechen den Dialog noch einmal – nun in der anderen Rolle.
TIPP: Laminieren Sie die Dialogkarten. Lassen Sie vorher die Schüler/innen die Karten kolorieren.

Fehlerkorrektur
Bei Präsentationen oder Kontrollen ist es angeraten, dass Sie die Lernenden immer erst nach dem Sprechen des Dialoges korrigieren: Nur wenn die Korrektur im Anschluss an den Dialog erfolgt, wird die Kommunikationssituation gewahrt.
Legen Sie vorher mit den Schülerinnen und Schülern gemeinsam Kriterien fest, nach denen Sie Ihre Bewertung vornehmen. Vorschläge zu solchen Bewertungsrastern finden Sie in den Handreichungen (Kopiervorlagen zu jeder *À plus!*-Lernaufgabe am Ende der Unités) sowie in den Diagnosebogen zu den Bilans (ISBN 978-3-06-120239-2).

Lösungsvorschlag
Haben die Schülerinnen und Schüler Probleme, den Dialog nach den Vorgaben zu führen, können sie auf die beiliegenden Lösungsvorschläge zurückgreifen. Achten Sie darauf, dass die Lernenden nach der Lektüre des Lösungsvorschlages den Dialog noch zweimal (A–B; B–A) selbstständig – ohne die Lösungen – durchführen.

Unité 1: DIALOGUE 1 — A

Tu as déjà des idées pour ton avenir?

Dans quelques mois, tu vas faire un stage pendant deux semaines. Tu parles avec un/e ami/e (B) de ce que vous voulez faire plus tard. Tu commences.

A: Begrüße B und erinnere ihn/sie daran, dass ihr bald euer Praktikum machen werdet. Sage B, dass du noch nicht weißt, was du machen möchtest und frage ihn/sie, ob er/sie schon Ideen für seine/ihre Zukunft hat. *(faire un stage – savoir qc – ce que – l'avenir)*

B: …

A: Weise B darauf hin, dass es später nicht einfach ist, einen Platz für die Ausbildung zu bekommen. *(facile – une formation)*

B: …

A: Sage, dass B schon ein wenig Erfahrung hat und füge hinzu, dass du das gut findest. Schlage B außerdem vor, mit einem Schauspieler eures Theaterclubs zu üben, um es zu schaffen. *(d'expérience – s'entraîner – réussir qc)*

B: …

A: Antworte, dass du das noch nicht so genau weißt, aber dass du gerne einen Job hättest, der dich fasziniert. Frage B um Rat. *(un travail passionnant – donner un conseil)*

B: …

A: Stimme zu, aber du glaubst nicht, dass deine Eltern einverstanden sind, weil das eine lange Ausbildung ist und das teuer ist. *(ne pas croire (+ subj.) – une formation – coûter cher)*

B: …

Illustration: Cornelsen Schulverlage / Laurent Lalo

Unité 1: DIALOGUE 1 — B

Tu as déjà des idées pour ton avenir?

Dans quelques mois, tu vas faire un stage pendant deux semaines. Tu parles avec un/e ami/e (A) de ce que vous voulez faire plus tard. A commence.

A: …

B: Sage, dass du gerne Schauspieler/in werden würdest, weil das Kino deine Leidenschaft ist und du außerdem gerne Theater spielst. Daher versuchst du, dort dein Praktikum zu machen. *(un acteur / une actrice – la passion – essayer qc)*

A: …

B: Stimme zu und sage, dass du bereit bist, viel zu geben, um deinen Traum leben zu können. Erkläre A, dass du oft ins Theater gehst und viele Filme schaust. Füge hinzu, dass du in der Schule schon eine Rolle in einem Theaterstück gespielt hast. *(être prêt/e à (+ inf.) – vivre mon rêve – un rôle – une pièce)*

A: …

B: Sage, dass du die Idee gut findest und frage A, ob er/sie schon weiß, was er/sie später machen möchte. *(savoir qc – ce que – plus tard)*

A: …

B: Antworte, dass du an seiner/ihrer Stelle Arzt werden würdest, weil er/sie begabt ist, mit Menschen zu arbeiten, er/sie in Naturwissenschaften gut ist und außerdem gute Noten hat. *(à ta place – être doué/e pour qc – être fort/e en qc)*

A: …

B: An seiner/ihrer Stelle würdest du mit ihnen sprechen. Du bist sicher, dass sie das verstehen werden. *(être sûr/e)*

Illustration: Cornelsen Schulverlage / Laurent Lalo

○ Unité 1: DIALOGUE 1 mit Lösungen — A

Tu as déjà des idées pour ton avenir?

Dans quelques mois, tu vas faire un stage pendant deux semaines. Tu parles avec un/e ami/e (B) de ce que vous voulez faire plus tard. Tu commences.

A: Begrüße B und erinnere ihn/sie daran, dass ihr bald euer Praktikum machen werdet. Sage B, dass du noch nicht weißt, was du machen möchtest und frage ihn/sie, ob er/sie schon Ideen für seine/ihre Zukunft hat. *(faire un stage – savoir qc – ce que – l'avenir)*

(B: Je voudrais devenir acteur/actrice parce que le cinéma, c'est ma passion. En plus, j'aime faire du théâtre. Alors, j'essaie d'y faire mon stage.)

A: Weise B darauf hin, dass es später nicht einfach ist, einen Platz für die Ausbildung zu bekommen. *(facile – une formation)*

(B: Je sais, mais je suis prêt/e à travailler beaucoup pour pouvoir vivre mon rêve. Je vais souvent au théâtre et je regarde beaucoup de films. En plus, j'ai déjà joué un rôle dans une pièce de théâtre au collège.)

A: Sage, dass B schon ein wenig Erfahrung hat und füge hinzu, dass du das gut findest. Schlage B außerdem vor, mit einem Schauspieler eures Theaterclubs zu üben, um es zu schaffen. *(d'expérience – s'entraîner – réussir qc)*

(B: Oui, c'est une bonne idée. Et toi, tu sais déjà ce que tu veux faire plus tard?)

A: Antworte, dass du das noch nicht so genau weißt, aber dass du gerne einen Job hättest, der dich fasziniert. Frage B um Rat. *(un travail passionnant – donner un conseil)*

(B: Moi, à ta place, je deviendrais médecin parce que tu es doué/e pour le travail avec les gens, tu es fort/e en SVT et en plus, tu as de bonnes notes.)

A: Stimme zu, aber du glaubst nicht, dass deine Eltern einverstanden sind, weil das eine lange Ausbildung ist und das teuer ist. *(ne pas croire (+ subj.) – une formation – coûter cher)*

(B: Moi, à ta place, je leur parlerais. Je suis sûr/e qu'ils comprendront.)

Illustration: Cornelsen Schulverlage / Laurent Lalo

○ Unité 1: DIALOGUE 1 mit Lösungen — B

Tu as déjà des idées pour ton avenir?

Dans quelques mois, tu vas faire un stage pendant deux semaines. Tu parles avec un/e ami/e (A) de ce que vous voulez faire plus tard. A commence.

(A: Salut (*nom de B*)! On va bientôt faire notre stage. Je ne sais pas encore ce que je pourrais faire comme stage. Tu as déjà des idées pour ton avenir?)

B: Sage, dass du gerne Schauspieler/in werden würdest, weil das Kino deine Leidenschaft ist und du außerdem gerne Theater spielst. Daher versuchst du, dort dein Praktikum zu machen. *(un acteur / une actrice – la passion – essayer qc)*

(A: Ah, mais ce n'est pas facile de trouver une place dans une formation après.)

B: Stimme zu und sage, dass du bereit bist, viel zu geben, um deinen Traum leben zu können. Erkläre A, dass du oft ins Theater gehst und viele Filme schaust. Füge hinzu, dass du in der Schule schon eine Rolle in einem Theaterstück gespielt hast. *(être prêt/e à (+ inf.) – vivre mon rêve – un rôle – une pièce)*

(A: Alors, tu as déjà un peu d'expérience, ce n'est pas mal. Tu pourrais aussi t'entraîner avec un acteur de votre club de théâtre pour réussir.)

B: Sage, dass du die Idee gut findest und frage A, ob er/sie schon weiß, was er/sie später machen möchte. *(savoir qc – ce que – plus tard)*

(A: Je ne sais pas encore, mais je voudrais avoir un travail passionnant. Tu peux me donner un conseil?)

B: Antworte, dass du an seiner/ihrer Stelle Arzt werden würdest, weil er/sie begabt ist, mit Menschen zu arbeiten, er/sie in Naturwissenschaften gut ist und außerdem gute Noten hat. *(à ta place – être doué/e pour qc – être fort/e en qc)*

(A: Oui, pourquoi pas? Mais je ne crois pas que mes parents soient d'accord. C'est une formation longue et ça coûte cher.)

B: An seiner/ihrer Stelle würdest du mit ihnen sprechen. Du bist sicher, dass sie das verstehen werden. *(être sûr/e)*

Illustration: Cornelsen Schulverlage / Laurent Lalo

Unité 1: DIALOGUE 1 — A

Tu as déjà des idées pour ton avenir?

Dans quelques mois, tu vas faire un stage pendant deux semaines. Tu parles avec un/e ami/e (B) de ce que vous voulez faire plus tard. Tu commences.

A: Begrüße B und erinnere ihn/sie daran, dass ihr bald euer Praktikum machen werdet. Sage B, dass du noch nicht weißt, was du machen möchtest und frage ihn/sie, ob er/sie schon Ideen für seine/ihre Zukunft hat.

B: ...

A: Weise B darauf hin, dass es später nicht einfach ist, einen Platz für die Ausbildung zu bekommen.

B: ...

A: Sage, dass B schon ein wenig Erfahrung hat und füge hinzu, dass du das gut findest. Schlage B außerdem vor, mit einem Schauspieler eures Theaterclubs zu üben, um es zu schaffen.

B: ...

A: Antworte, dass du das noch nicht so genau weißt, aber dass du gerne einen Job hättest, der dich fasziniert. Frage B um Rat.

B: ...

A: Stimme zu, aber du glaubst nicht, dass deine Eltern einverstanden sind, weil das eine lange Ausbildung ist und das teuer ist.

B: ...

Illustration: Cornelsen Schulverlage / Laurent Lalo

Unité 1: DIALOGUE 1 — B

Tu as déjà des idées pour ton avenir?

Dans quelques mois, tu vas faire un stage pendant deux semaines. Tu parles avec un/e ami/e (A) de ce que vous voulez faire plus tard. A commence.

A: ...

B: Sage, dass du gerne Schauspieler/in werden würdest, weil das Kino deine Leidenschaft ist und du außerdem gerne Theater spielst. Daher versuchst du, dort dein Praktikum zu machen.

A: ...

B: Stimme zu und sage, dass du bereit bist, viel zu geben, um deinen Traum leben zu können. Erkläre A, dass du oft ins Theater gehst und viele Filme schaust. Füge hinzu, dass du in der Schule schon eine Rolle in einem Theaterstück gespielt hast.

A: ...

B: Sage, dass du die Idee gut findest und frage A, ob er/sie schon weiß, was er/sie später machen möchte.

A: ...

B: Antworte, dass du an seiner/ihrer Stelle Arzt werden würdest, weil er/sie begabt ist, mit Menschen zu arbeiten, er/sie in Naturwissenschaften gut ist und außerdem gute Noten hat.

A: ...

B: An seiner/ihrer Stelle würdest du mit ihnen sprechen. Du bist sicher, dass sie das verstehen werden.

Illustration: Cornelsen Schulverlage / Laurent Lalo

Unité 1: DIALOGUE 1 mit Lösungen — A

Tu as déjà des idées pour ton avenir?

Dans quelques mois, tu vas faire un stage pendant deux semaines. Tu parles avec un/e ami/e (B) de ce que vous voulez faire plus tard. Tu commences.

A: Begrüße B und erinnere ihn/sie daran, dass ihr bald euer Praktikum machen werdet. Sage B, dass du noch nicht weißt, was du machen möchtest und frage ihn/sie, ob er/sie schon Ideen für seine/ihre Zukunft hat.
(B: Je voudrais devenir acteur/actrice parce que le cinéma, c'est ma passion. En plus, j'aime faire du théâtre. Alors, j'essaie d'y faire mon stage.)
A: Weise B darauf hin, dass es später nicht einfach ist, einen Platz für die Ausbildung zu bekommen.
(B: Je sais, mais je suis prêt/e à travailler beaucoup pour pouvoir vivre mon rêve. Je vais souvent au théâtre et je regarde beaucoup de films. En plus, j'ai déjà joué un rôle dans une pièce de théâtre au collège.)
A: Sage, dass B schon ein wenig Erfahrung hat und füge hinzu, dass du das gut findest. Schlage B außerdem vor, mit einem Schauspieler eures Theaterclubs zu üben, um es zu schaffen.
(B: Oui, c'est une bonne idée. Et toi, tu sais déjà ce que tu veux faire plus tard?)
A: Antworte, dass du das noch nicht so genau weißt, aber dass du gerne einen Job hättest, der dich fasziniert. Frage B um Rat.
(B: Moi, à ta place, je deviendrais médecin parce que tu es doué/e pour le travail avec les gens, tu es fort/e en SVT et en plus, tu as de bonnes notes.)
A: Stimme zu, aber du glaubst nicht, dass deine Eltern einverstanden sind, weil das eine lange Ausbildung ist und das teuer ist.
(B: Moi, à ta place, je leur parlerais. Je suis sûr/e qu'ils comprendront.)

Illustration: Cornelsen Schulverlage / Laurent Lalo

Unité 1: DIALOGUE 1 mit Lösungen — B

Tu as déjà des idées pour ton avenir?

Dans quelques mois, tu vas faire un stage pendant deux semaines. Tu parles avec un/e ami/e (A) de ce que vous voulez faire plus tard. A commence.

(A: Salut (*nom de B*)! On va bientôt faire notre stage. Je ne sais pas encore ce que je pourrais faire comme stage. Tu as déjà des idées pour ton avenir?)
B: Sage, dass du gerne Schauspieler/in werden würdest, weil das Kino deine Leidenschaft ist und du außerdem gerne Theater spielst. Daher versuchst du, dort dein Praktikum zu machen.
(A: Ah, mais ce n'est pas facile de trouver une place dans une formation après.)
B: Stimme zu und sage, dass du bereit bist, viel zu geben, um deinen Traum leben zu können. Erkläre A, dass du oft ins Theater gehst und viele Filme schaust. Füge hinzu, dass du in der Schule schon eine Rolle in einem Theaterstück gespielt hast.
(A: Alors, tu as déjà un peu d'expérience, ce n'est pas mal. Tu pourrais aussi t'entraîner avec un acteur de votre club de théâtre pour réussir.)
B: Sage, dass du die Idee gut findest und frage A, ob er/sie schon weiß, was er/sie später machen möchte.
(A: Je ne sais pas encore, mais je voudrais avoir un travail passionnant. Tu peux me donner un conseil?)
B: Antworte, dass du an seiner/ihrer Stelle Arzt werden würdest, weil er/sie begabt ist, mit Menschen zu arbeiten, er/sie in Naturwissenschaften gut ist und außerdem gute Noten hat.
(A: Oui, pourquoi pas? Mais je ne crois pas que mes parents soient d'accord. C'est une formation longue et ça coûte cher.)
B: An seiner/ihrer Stelle würdest du mit ihnen sprechen. Du bist sicher, dass sie das verstehen werden.

Illustration: Cornelsen Schulverlage / Laurent Lalo

Unité 1: **DIALOGUE 2** **A**

Nos idoles

Lundi matin, à l'école. Tu attends le prof devant la salle de classe et tu parles avec un/e camarade de classe (B). Tu commences.

A: Erzähle B, dass du gestern Abend das Fußballspiel geguckt hast und dass (*Name eines Fußballspielers*) jemand ist, den du wirklich bewunderst. *(le match de foot – quelqu'un – admirer qn)*
B: …
A: Erkläre, dass er im Moment einer der besten Fußballspieler ist. Dich beeindruckt am meisten bei ihm, dass er sich in den Spielen so einsetzt. Betone, dass er sehr gut ist und frage B, ob er/sie das auch so sieht. *(un des meilleurs – impressionner qn – s'engager – être fort)*
B: …
A: Frage nach: „Musik"? Frage B, ob er/sie ein Instrument spielt oder ob er/sie nur gerne Musik anhört. *(jouer de qc – écouter qc)*
B: …
A: Stimme zu und frage B, was ihm/ihr am meisten an ihr gefällt. *(qu'est-ce qui – chez elle)*
B: …
A: Antworte B, dass du sie nicht so gut kennst wie er/sie. Frage nach, warum sie anders ist. *(autant que toi – être différent/e)*
B: …
A: Gib B Recht und erzähle ihm/ihr, dass du einen Artikel über „Colibris" gelesen hast, die Organisation, für die sie sich einsetzt. *(l'association dans laquelle – s'engager)*
B: …

Illustrationen: Cornelsen Schulverlage / Laurent Lalo

Unité 1: **DIALOGUE 2** **B**

Nos idoles

Lundi matin, à l'école. Tu attends le prof devant la salle de classe et tu parles avec un/e camarade de classe (A). A commence.

A: …
B: Frage nach, warum, und erkläre ihm/ihr, dass du ihn nicht sehr gut kennst. *(connaître qn)*
A: …
B: Sage, dass du das nicht weißt und erkläre, dass Fußball nicht dein Ding ist. Sage ihm/ihr, dass du dich eher für Musik interessierst. *(mon truc – s'intéresser plutôt à qc)*
A: …
B: Antworte, dass du Schlagzeug spielst, aber dass du auch gerne die Musik von ZAZ hörst, da du sie sehr bewunderst. *(la batterie – admirer qn)*
A: …
B: Stelle dar, dass niemand so singen kann wie sie, dass sie eine tolle Stimme hat und sehr kreativ ist. Betone, dass sie anders ist. *(Personne ne – savoir faire qc – être différent/e)*
A: …
B: Erkläre, dass sie verschiedene Musikstile verwendet und dass sie so ihren eigenen Stil entwirft. Füge hinzu, dass sie sich auch engagiert. *(utiliser qc – inventer qc – un propre style)*
A: …
B: Stimme zu und füge an, dass sie ein guter Mensch ist und du ihr ähneln möchtest. *(quelqu'un de bien – vouloir ressembler à qn)*

Illustrationen: Cornelsen Schulverlage / Laurent Lalo

Unité 1: DIALOGUE 2 mit Lösungen — A

Nos idoles

Lundi matin, à l'école. Tu attends le prof devant la salle de classe et tu parles avec un/e camarade de classe (B). Tu commences.

A: Erzähle B, dass du gestern Abend das Fußballspiel geguckt hast und dass (*Name eines Fußballspielers*) jemand ist, den du wirklich bewunderst. *(le match de foot – quelqu'un – admirer qn)*

(B: Ah bon? Pourquoi? Je ne le connais pas très bien.)

A: Erkläre, dass er im Moment einer der besten Fußballspieler ist. Dich beeindruckt am meisten bei ihm, dass er sich in den Spielen so einsetzt. Betone, dass er sehr gut ist und frage B, ob er/sie das auch so sieht. *(un des meilleurs – impressionner qn – s'engager – être fort)*

(B: Je ne sais pas. Le foot, ce n'est pas mon truc. Je m'intéresse plutôt à la musique.)

A: Frage nach: „Musik"? Frage B, ob er/sie ein Instrument spielt oder ob er/sie nur gerne Musik anhört. *(jouer de qc – écouter qc)*

(B: Je joue de la batterie, oui, mais j'adore écouter la musique de ZAZ. Je l'admire beaucoup.)

A: Stimme zu und frage B, was ihm/ihr am meisten an ihr gefällt. *(qu'est-ce qui – chez elle)*

(B: Personne ne sait chanter comme elle: elle a une très belle voix et elle est très créative. Elle est différente.)

A: Antworte B, dass du sie nicht so gut kennst wie er/sie. Frage nach, warum sie anders ist. *(autant que toi – être différent/e)*

(B: Elle utilise différents styles de musique et invente ainsi son propre style. En plus, elle s'engage aussi.)

A: Gib B Recht und erzähle ihm/ihr, dass du einen Artikel über „Colibris" gelesen hast, die Organisation, für die sie sich einsetzt. *(l'association dans laquelle – s'engager)*

(B: Oui, c'est vraiment quelqu'un de bien. Je voudrais lui ressembler.)

Illustrationen: Cornelsen Schulverlage / Laurent Lalo

Unité 1: DIALOGUE 2 mit Lösungen — B

Nos idoles

Lundi matin, à l'école. Tu attends le prof devant la salle de classe et tu parles avec un/e camarade de classe (A). A commence.

(A: Hier soir, j'ai regardé le match de foot. Tu sais, (*Kevin De Bruyne*), c'est quelqu'un que j'admire vraiment.)

B: Frage nach, warum, und erkläre ihm/ihr, dass du ihn nicht sehr gut kennst. *(connaître qn)*

(A: C'est un des meilleurs joueurs de foot du moment. Ce qui m'impressionne le plus chez lui, c'est qu'il s'engage pendant les matchs. Il est vraiment très fort. Tu ne penses pas?)

B: Sage, dass du das nicht weißt und erkläre, dass Fußball nicht dein Ding ist. Sage ihm/ihr, dass du dich eher für Musik interessierst. *(mon truc – s'intéresser plutôt à qc)*

(A: La musique? Tu joues d'un instrument? Ou est-ce que tu aimes seulement l'écouter?)

B: Antworte, dass du Schlagzeug spielst, aber dass du auch gerne die Musik von ZAZ hörst, da du sie sehr bewunderst. *(la batterie – admirer qn)*

(A: Oui, elle est cool. Mais qu'est-ce qui te plaît le plus chez elle?)

B: Stelle dar, dass niemand so singen kann wie sie, dass sie eine tolle Stimme hat und sehr kreativ ist. Betone, dass sie anders ist. *(Personne ne – savoir faire qc – être différent/e)*

(A: Je ne la connais pas autant que toi. Pourquoi est-ce qu'elle est différente?)

B: Erkläre, dass sie verschiedene Musikstile verwendet und dass sie so ihren eigenen Stil entwirft. Füge hinzu, dass sie sich auch engagiert. *(utiliser qc – inventer qc – un propre style)*

(A: Tu as raison, j'ai lu un article sur « Colibris ». C'est l'association dans laquelle elle s'engage, non?)

B: Stimme zu und füge an, dass sie ein guter Mensch ist und du ihr ähneln möchtest. *(quelqu'un de bien – vouloir ressembler à qn)*

Illustrationen: Cornelsen Schulverlage / Laurent Lalo

Unité 1: DIALOGUE 2 — A

Nos idoles

Lundi matin, à l'école. Tu attends le prof devant la salle de classe et tu parles avec un/e camarade de classe (B). Tu commences.

A: Erzähle B, dass du gestern Abend das Fußballspiel geguckt hast und dass (*Name eines Fußballspielers*) jemand ist, den du wirklich bewunderst.

B: ...

A: Erkläre, dass er im Moment einer der besten Fußballspieler ist. Dich beeindruckt am meisten bei ihm, dass er sich in den Spielen so einsetzt. Betone, dass er sehr gut ist und frage B, ob er/sie das auch so sieht.

B: ...

A: Frage nach: „Musik"? Frage B, ob er/sie ein Instrument spielt oder ob er/sie nur gerne Musik anhört.

B: ...

A: Stimme zu und frage B, was ihm/ihr am meisten an ihr gefällt.

B: ...

A: Antworte B, dass du sie nicht so gut kennst wie er/sie. Frage nach, warum sie anders ist.

B: ...

A: Gib B Recht und erzähle ihm/ihr, dass du einen Artikel über „Colibris" gelesen hast, die Organisation, für die sie sich einsetzt.

B: ...

Illustrationen: Cornelsen Schulverlage / Laurent Lalo

Unité 1: DIALOGUE 2 — B

Nos idoles

Lundi matin, à l'école. Tu attends le prof devant la salle de classe et tu parles avec un/e camarade de classe (A). A commence.

A: ...

B: Frage nach, warum, und erkläre ihm/ihr, dass du ihn nicht sehr gut kennst.

A: ...

B: Sage, dass du das nicht weißt und erkläre, dass Fußball nicht dein Ding ist. Sage ihm/ihr, dass du dich eher für Musik interessierst.

A: ...

B: Antworte, dass du Schlagzeug spielst, aber dass du auch gerne die Musik von ZAZ hörst, da du sie sehr bewunderst.

A: ...

B: Antworte, dass niemand so singen kann wie sie, dass sie eine tolle Stimme hat und sehr kreativ ist. Betone, dass sie anders ist.

A: ...

B: Erkläre, dass sie verschiedene Musikstile verwendet und dass sie so ihren eigenen Stil entwirft. Füge hinzu, dass sie sich auch engagiert.

A: ...

B: Stimme zu und füge an, dass sie ein guter Mensch ist und du ihr ähneln möchtest.

Illustrationen: Cornelsen Schulverlage / Laurent Lalo

Unité 1: DIALOGUE 2 mit Lösungen A

Nos idoles

Lundi matin, à l'école. Tu attends le prof devant la salle de classe et tu parles avec un/e camarade de classe (B). Tu commences.

A: Erzähle B, dass du gestern Abend das Fußballspiel geguckt hast und dass (*Name eines Fußballspielers*) jemand ist, den du echt bewunderst.
(B: Ah bon? Pourquoi? Je ne le connais pas très bien.)
A: Erkläre, dass er im Moment einer der besten Fußballspieler ist. Dich beeindruckt am meisten bei ihm, dass er sich in den Spielen so einsetzt. Betone, dass er sehr gut ist und frage B, ob er/sie das auch so sieht.
(B: Je ne sais pas. Le foot, ce n'est pas mon truc. Je m'intéresse plutôt à la musique.)
A: Frage nach: „Musik"? Frage B, ob er/sie ein Instrument spielt oder ob er/sie nur gerne Musik anhört.
(B: Je joue de la batterie, oui, mais j'adore écouter la musique de ZAZ. Je l'admire beaucoup.)
A: Stimme zu und frage B, was ihm/ihr am meisten an ihr gefällt.
(B: Personne ne sait chanter comme elle: elle a une très belle voix et elle est très créative. Elle est différente.)
A: Antworte B, dass du sie nicht so gut kennst wie er/sie. Frage nach, warum sie anders ist.
(B: Elle utilise différents styles de musique et invente ainsi son propre style. En plus, elle s'engage aussi.)
A: Gib B Recht und erzähle ihm/ihr, dass du einen Artikel über „Colibris" gelesen hast, die Organisation, für die sie sich einsetzt.
(B: Oui, c'est vraiment quelqu'un de bien. Je voudrais lui ressembler.)

Illustrationen: Cornelsen Schulverlage / Laurent Lalo

Unité 1: DIALOGUE 2 mit Lösungen B

Nos idoles

Lundi matin, à l'école. Tu attends le prof devant la salle de classe et tu parles avec un/e camarade de classe (A). A commence.

(A: Hier soir, j'ai regardé le match de foot. Tu sais, (*Kevin De Bruyne*), c'est quelqu'un que j'admire vraiment.)
B: Frage nach, warum, und erkläre ihm/ihr, dass du ihn nicht sehr gut kennst.
(A: C'est un des meilleurs joueurs de foot du moment. Ce qui m'impressionne le plus chez lui, c'est qu'il s'engage pendant les matchs. Il est vraiment très fort. Tu ne penses pas?)
B: Sage, dass du das nicht weißt und erkläre, dass Fußball nicht dein Ding ist. Sage ihm/ihr, dass du dich eher für Musik interessierst.
(A: La musique? Tu joues d'un instrument? Ou est-ce que tu aimes seulement l'écouter?)
B: Antworte, dass du Schlagzeug spielst, aber dass du auch gerne die Musik von ZAZ hörst, da du sie sehr bewunderst.
(A: Oui, elle est cool. Mais qu'est-ce qui te plaît le plus chez elle?)
B: Antworte, dass niemand so singen kann wie sie, dass sie eine tolle Stimme hat und sehr kreativ ist. Betone, dass sie anders ist.
(A: Je ne la connais pas autant que toi. Pourquoi est-ce qu'elle est différente?)
B: Erkläre, dass sie verschiedene Musikstile verwendet und dass sie so ihren eigenen Stil entwirft. Füge hinzu, dass sie sich auch engagiert.
(A: Tu as raison, j'ai lu un article sur « Colibris ». C'est l'association dans laquelle elle s'engage, non?)
B: Stimme zu und füge an, dass sie ein guter Mensch ist und du ihr ähneln möchtest.

Illustrationen: Cornelsen Schulverlage / Laurent Lalo

Unité 2: DIALOGUE 1 — A

Zut, je ne connais pas le mot!

Tu es chez ton/ta corres (B) en France. Vous êtes dans sa chambre et faites vos devoirs. Tu as besoin d'une chose, mais tu ne connais pas le mot. Tu commences.

A: Frage B, ob er/sie dir ein … geben kann. Drücke deine Unzufriedenheit darüber aus, dass du das französische Wort dafür nicht kennst. *(zut – le mot)*

B: …

A: Sage B, dass du eine Sache aus Karton brauchst, die man in Büros findet. Erkläre, dass man sie benutzt, um Blätter hineinzulegen. *(avoir besoin de qc – en carton – les bureaux – y mettre qc)*

B: …

A: Bedanke dich bei B und sage, dass das sehr nett ist. *(gentil)*

B: …

A: Verneine und fordere B auf, es zu erklären. Frage ihn, was dem ähnelt. *(À quoi – ressembler à qc)*

B: …

A: Zeige, dass du verstanden hast, was B meint und sage ihm, dass er/sie „ein Käfig" sagen möchte. *(vouloir dire qc)*

B: …

Illustration: Cornelsen Schulverlage / Laurent Lalo

Unité 2: DIALOGUE 1 — B

Zut, je ne connais pas le mot!

Ton/Ta corres allemand/e (A) est chez toi en France. Vous êtes dans ta chambre et faites vos devoirs. A a besoin d'une chose, mais il/elle ne connait pas le mot. A commence.

A: …

B: Sage A, dass das nicht schlimm ist und bitte ihn/sie, die Sache zu beschreiben. Frage A, wofür man es benutzt. *(être grave – pour quoi – utiliser qc)*

A: …

B: Gib A zu verstehen, dass du weißt, was er/sie sagen will: einen Ordner. Bitte ihn/sie zu warten, du wirst einen holen. *(savoir ce que – un classeur – aller en chercher un)*

A: …

B: Erkläre B, dass du gerade dabei bist, deine Deutsch-Hausaufgaben zu machen und du das deutsche Wort für „cage" suchst. Frage B, ob er/sie das kennst. *(être en train de (+ inf.))*

A: …

B: Erkläre, dass es einem großen Karton ähnelt, aber dass es aus Metall ist. Sage, dass man es braucht, um dort Tiere reinzutun wie z. B. Hasen. *(ressembler à qc – en métal – y mettre qc*

A: …

B: Stimme zu und bedanke dich bei A.

Illustration: Cornelsen Schulverlage / Laurent Lalo

Unité 2: DIALOGUE 1 mit Lösungen — A

Zut, je ne connais pas le mot!

Tu es chez ton/ta corres (B) en France. Vous êtes dans sa chambre et faites vos devoirs. Tu as besoin d'une chose, mais tu ne connais pas le mot. Tu commences.

A: Frage B, ob er/sie dir ein ... geben kann. Drücke deine Unzufriedenheit darüber aus, dass du das französische Wort dafür nicht kennst. *(zut – le mot)*
(B: Ce n'est pas grave. Explique-moi: pour quoi est-ce qu'on l'utilise?)
A: Sage B, dass du eine Sache aus Karton brauchst, die man in Büros findet. Erkläre, dass man sie benutzt, um Blätter hineinzulegen. *(avoir besoin de qc – en carton – les bureaux – y mettre qc)*
(B: Ah, je vois ce que tu veux dire! Un classeur. Attends, je vais en chercher un.)
A: Bedanke dich bei B und sage, dass das sehr nett ist. *(gentil)*
(B: Par contre, moi je suis en train de faire mes devoirs d'allemand et je cherche le mot pour «cage». Tu le connais?)
A: Verneine und fordere B auf, es zu erklären. Frage ihn, was dem ähnelt. *(À quoi – ressembler à qc)*
(B: Ça ressemble à un grand carton, mais c'est en métal. Il le faut pour y mettre les animaux comme par exemple les lapins.)
A: Zeige, dass du verstanden hast, was B meint und sage ihm, dass er/sie „ein Käfig" sagen möchte. *(vouloir dire qc)*
(B: Oui, c'est ça. Merci beaucoup.)

Illustration: Cornelsen Schulverlage / Laurent Lalo

Unité 2: DIALOGUE 1 mit Lösungen — B

Zut, je ne connais pas le mot!

Ton/Ta corres allemand/e (A) est chez toi en France. Vous êtes dans ta chambre et faites vos devoirs. A a besoin d'une chose, mais il/elle ne connait pas le mot. A commence.

(A: Est-ce que tu peux me donner un ...? ... Zut, je ne connais pas le mot français pour ça!)
B: Sage A, dass das nicht schlimm ist und bitte ihn/sie, die Sache zu beschreiben. Frage A, wofür man es benutzt. *(être grave – pour quoi – utiliser qc)*
(A: J'ai besoin d'un objet en carton qu'on trouve dans les bureaux. On l'utilise pour y mettre des feuilles.)
B: Gib A zu verstehen, dass du weißt, was er/sie sagen will: einen Ordner. Bitte ihn/sie zu warten, du wirst einen holen. *(savoir ce que – un classeur – aller en chercher un)*
(A: Merci. C'est gentil.)
B: Erkläre B, dass du gerade dabei bist, deine Deutsch-Hausaufgaben zu machen und du das deutsche Wort für „cage" suchst. Frage B, ob er/sie das kennst. *(être en train de (+ inf.))*
(A: Non, explique: à quoi ça ressemble?)
B: Erkläre, dass es einem großen Karton ähnelt, aber dass es aus Metall ist. Sage, dass man es braucht, um dort Tiere reinzutun wie z. B. Hasen. *(ressembler à qc – en métal – y mettre qc)*
(A: Ah, tu veux dire «ein Käfig».)
B: Stimme zu und bedanke dich bei A.

Illustration: Cornelsen Schulverlage / Laurent Lalo

Unité 2: DIALOGUE 1 — A

Zut, je ne connais pas le mot!

Tu es chez ton/ta corres (B) en France. Vous êtes dans sa chambre et faites vos devoirs. Tu as besoin d'une chose, mais tu ne connais pas le mot. Tu commences.

A: Frage B, ob er/sie dir ein ... geben kann. Drücke deine Unzufriedenheit darüber aus, dass du das französische Wort dafür nicht kennst.
B: ...
A: Sage B, dass du eine Sache aus Karton brauchst, die man in Büros findet. Erkläre, dass man sie benutzt, um Blätter hineinzulegen.
B: ...
A: Bedanke dich bei B und sage, dass das sehr nett ist.
B: ...
A: Verneine und fordere B auf, es zu erklären. Frage ihn, was dem ähnelt.
B: ...
A: Zeige, dass du verstanden hast, was B meint und sage ihm, dass er/sie „ein Käfig“ sagen möchte.
B: ...

Illustration: Cornelsen Schulverlage / Laurent Lalo

Unité 2: DIALOGUE 1 — B

Zut, je ne connais pas le mot!

Ton/Ta corres allemand/e (A) est chez toi en France. Vous êtes dans ta chambre et faites vos devoirs. A a besoin d'une chose, mais il/elle ne connait pas le mot. A commence.

A: ...
B: Sage A, dass das nicht schlimm ist und bitte ihn/sie, die Sache zu beschreiben. Frage A, wofür man es benutzt.
A: ...
B: Gib A zu verstehen, dass du weißt, was er/sie sagen will: einen Ordner. Bitte ihn/sie zu warten, du wirst einen holen.
A: ...
B: Erkläre B, dass du gerade dabei bist, deine Deutsch-Hausaufgaben zu machen und du das deutsche Wort für „cage“ suchst. Frage B, ob er/sie das kennst.
A: ...
B: Erkläre, dass es einem großen Karton ähnelt, aber dass es aus Metall ist. Sage, dass man es braucht, um dort Tiere reinzutun wie z. B. Hasen.
A: ...
B: Stimme zu und bedanke dich bei A.

Illustration: Cornelsen Schulverlage / Laurent Lalo

Unité 2: DIALOGUE 1 mit Lösungen — A

Zut, je ne connais pas le mot!

Tu es chez ton/ta corres (B) en France. Vous êtes dans sa chambre et faites vos devoirs. Tu as besoin d'une chose, mais tu ne connais pas le mot. Tu commences.

A: Frage B, ob er/sie dir ein ... geben kann. Drücke deine Unzufriedenheit darüber aus, dass du das französische Wort dafür nicht kennst.
(B: Ce n'est pas grave. Explique-moi: pour quoi est-ce qu'on l'utilise?)
A: Sage B, dass du eine Sache aus Karton brauchst, die man in Büros findet. Erkläre, dass man sie benutzt, um Blätter hineinzulegen.
(B: Ah, je vois ce que tu veux dire! Un classeur. Attends, je vais en chercher un.)
A: Bedanke dich bei B und sage, dass das sehr nett ist.
(B: Par contre, moi je suis en train de faire mes devoirs d'allemand et je cherche le mot pour «cage». Tu le connais?)
A: Verneine und fordere B auf, es zu erklären. Frage ihn, was dem ähnelt.
(B: Ça ressemble à un grand carton, mais c'est en métal. Il le faut pour y mettre les animaux comme par exemple les lapins.)
A: Zeige, dass du verstanden hast, was B meint und sage ihm, dass er/sie „ein Käfig" sagen möchte.
(B: Oui, c'est ça. Merci beaucoup.)

Illustration: Cornelsen Schulverlage / Laurent Lalo

Unité 2: DIALOGUE 1 mit Lösungen — B

Zut, je ne connais pas le mot!

Ton/Ta corres allemand/e (A) est chez toi en France. Vous êtes dans ta chambre et faites vos devoirs. A a besoin d'une chose, mais il/elle ne connait pas le mot. A commence.

(A: Est-ce que tu peux me donner un ...? ... Zut, je ne connais pas le mot français pour ça!)
B: Sage A, dass das nicht schlimm ist und bitte ihn/sie, die Sache zu beschreiben. Frage A, wofür man es benutzt.
(A: J'ai besoin d'un objet en carton qu'on trouve dans les bureaux. On l'utilise pour y mettre des feuilles.)
B: Gib A zu verstehen, dass du weißt, was er/sie sagen will: einen Ordner. Bitte ihn/sie zu warten, du wirst einen holen.
(A: Merci. C'est gentil.)
B: Erkläre B, dass du gerade dabei bist, deine Deutsch-Hausaufgaben zu machen und du das deutsche Wort für „cage" suchst. Frage B, ob er/sie das kennst.
(A: Non, explique: à quoi ça ressemble?)
B: Erkläre, dass es einem großen Karton ähnelt, aber dass es aus Metall ist. Sage, dass man es braucht, um dort Tiere reinzutun wie z. B. Hasen.
(A: Ah, tu veux dire «ein Käfig».)
B: Stimme zu und bedanke dich bei A.

Illustration: Cornelsen Schulverlage / Laurent Lalo

Unité 2: DIALOGUE 2 — A

Mes expériences en France

Dans ton école en France, il y a un/e élève allemand/e (B) qui fait un échange de deux mois. Tu fais une interview avec lui/elle pour le journal des élèves. Tu commences.

A: Begrüße B und sage, dass er/sie zwei Monate in Frankreich sein wird. Frage, wie sein/ihr Aufenthalt ist. *(pour deux mois – le séjour – se passer)*

B: …

A: Frage B, was er/sie mit seinem Austauschpartner / seiner Austauschpartnerin gemacht hat.

B: …

A: Frage B, ob es lustige Momente mit der Familie gegeben hat. *(drôle)*

B: …

A: Gib B Recht und erzähle, dass es auch ein Missverständnis gab, als du in Deutschland warst, weil du gesagt hast: „Ich kaufe uns ein ‚Glas'." anstatt „Eis". Dein/e Austauschpartner/in hat dann nicht verstanden, warum du ihn/sie gefragt hast „Schokolade und Zitrone"? Frage B, ob er/sie auch unterschiedliche Gewohnheiten entdeckt hat. *(avoir raison – un malentendu – au lieu de dire qc – découvrir qc – une habitude)*

B: …

A: Frage nach, wie es in der Schule geht.

B: …

A: Bedanke dich bei B für das Interview.

Illustration: Cornelsen Schulverlage / Laurent Lalo

Unité 2: DIALOGUE 2 — B

Mes expériences en France

Tu fais un échange de deux mois en France. Un élève français (A) fait une interview avec toi pour le journal des élèves. A commence.

A: …

B: Antworte A, dass das gut läuft. Du hattest zwar am Anfang Angst, dass die Leute zu schnell sprechen und die Franzosen dich nicht verstehen, aber das war kein großes Problem. Jedoch fehlt dir deine Familie etwas. *(se passer – avoir peur que (+ subj.) – trop vite – par contre – manquer à qn)*

A: …

B: Sage, dass ihr euch sehr gut versteht. Erzähle, dass du mit ihm/ihr zur Schule gehst, aber dass ihr auch die Altstadt besichtigt, einen Einkaufsbummel gemacht und viel gegessen habt. Die Mahlzeiten bei der Familie magst du sehr. *(s'entendre très bien – la vieille ville – les repas)*

A: …

B: Bejahe und erzähle, dass du einmal gesagt hast, dass du eine „une batterie" für deine Uhr benötigst, und dann haben dich alle komisch angeguckt. Erkläre, dass „Batterie" ein falscher Freund ist, du das aber nicht wusstest. *(avoir besoin de qc – regarder bizarrement – un faux ami)*

A: …

B: Bejahe und nenne als Beispiel, dass man in Frankreich oft stilles Wasser trinkt, man bei euch in Deutschland eher die Gewohnheit hat, Sprudelwasser zu trinken. Erkläre, dass es am Anfang etwas merkwürdig war, aber jetzt nicht mehr. *(l'eau plate – avoir l'habitude de faire qc – l'eau gazeuse)*

A: …

B: Sage, dass es anders ist, aber interessant. Nur die Gruppenarbeit fehlt dir etwas. *(le travail en groupe – manquer à qn)*

A: …

Illustration: Cornelsen Schulverlage / Laurent Lalo

Unité 2: DIALOGUE 2 mit Lösungen — A

Mes expériences en France

Dans ton école en France, il y a un/e élève allemand/e qui fait un échange de deux mois. Tu fais une interview avec lui/elle pour le journal des élèves.

A: Begrüße B und sage, dass er/sie zwei Monate in Frankreich sein wird. Frage, wie sein/ihr Aufenthalt ist. *(pour deux mois – le séjour – se passer)*
(B: Ça se passe bien! Au début, j'avais peur que les gens parlent trop vite et que les Français ne me comprennent pas. Mais ce n'est pas un grand problème. Par contre, ma famille me manque un peu.)
A: Frage B, was er/sie mit seinem Austauschpartner / seiner Austauschpartnerin gemacht hat.
(B: On s'entend très bien. Je suis allé/e à l'école avec elle/lui, mais on a aussi visité la vieille ville, fait du shopping et mangé beaucoup. J'aime bien les repas chez la famille de mon/ma corres.)
A: Frage B, ob es lustige Momente mit der Familie gegeben hat. *(drôle)*
(B: Oui. Un jour, j'ai dit: « J'ai besoin d'une batterie pour ma montre. » Tout le monde m'a regardé bizarrement. « Batterie », c'est un faux ami et autre chose, mais je ne le savais pas.)
A: Gib B Recht und erzähle, dass es auch ein Missverständnis gab, als du in Deutschland warst, weil du gesagt hast: „Ich kaufe uns ein ‚Glas'." anstatt „Eis". Dein/e Austauschpartner/in hat dann nicht verstanden, warum du ihn/sie gefragt hast „Schokolade und Zitrone"? Frage B, ob er/sie auch unterschiedliche Gewohnheiten entdeckt hat. *(avoir raison – un malentendu – au lieu de dire qc – découvrir qc – une habitude)*
(B: Oui, par exemple, ici, on boit souvent de l'eau plate. Mais chez nous, on a l'habitude de boire de l'eau gazeuse. Au début, c'était bizarre, mais plus maintenant.)
A: Frage nach, wie es in der Schule geht.
(B: Oui, c'est différent, mais intéressant. Le travail en groupe me manque un peu.)
A: Bedanke dich bei B für das Interview.

Illustration: Cornelsen Schulverlage / Laurent Lalo

Unité 2: DIALOGUE 2 mit Lösungen — B

Mes expériences en France

Tu fais un échange de deux mois en France. Un élève français fait une interview avec toi pour le journal des élèves.

(A: Salut *(nom de B)*! Tu es ici en France pour deux mois. Ça se passe comment, ton séjour?)
B: Antworte A, dass das gut läuft. Du hattest zwar am Anfang Angst, dass die Leute zu schnell sprechen und die Franzosen dich nicht verstehen, aber das war kein großes Problem. Jedoch fehlt dir deine Familie etwas. *(se passer – avoir peur que (+ subj.) – trop vite – par contre – manquer à qn)*
(A: Qu'est-ce que tu as fait avec ton/ta corres?)
B: Sage, dass ihr euch sehr gut versteht. Erzähle, dass du mit ihm/ihr zur Schule gehst, aber dass ihr auch die Altstadt besichtigt, einen Einkaufsbummel gemacht und viel gegessen habt. Die Mahlzeiten bei der Familie magst du sehr. *(s'entendre très bien – la vieille ville – les repas)*
(A: Est-ce qu'il y avait des moments drôles avec la famille?)
B: Bejahe und erzähle, dass du einmal gesagt hast, dass du eine „une batterie" für deine Uhr benötigst, und dann haben dich alle komisch angeguckt. Erkläre, dass „Batterie" ein falscher Freund ist, du das aber nicht wusstest. *(avoir besoin de qc – regarder bizarrement – un faux ami)*
(A: Tu as raison! Il y avait aussi un malentendu quand j'étais en Allemagne parce que j'ai dit: « Ich kaufe uns ein ‹ Glas › au lieu de dire ‹ Eis › et mon/ma corres n'a pas compris pourquoi je lui avais demandé ‹ Schokolade und Zitrone? › ». Est-ce que tu as aussi découvert des habitudes différentes?)
B: Bejahe und nenne als Beispiel, dass man in Frankreich oft stilles Wasser trinkt, man bei euch in Deutschland eher die Gewohnheit hat, Sprudelwasser zu trinken. Erkläre, dass es am Anfang etwas merkwürdig war, aber jetzt nicht mehr. *(l'eau plate – avoir l'habitude de faire qc – l'eau gazeuse)*
(A: Et à l'école, ça va?)
B: Sage, dass es anders ist, aber interessant. Nur die Gruppenarbeit fehlt dir etwas. *(le travail en groupe – manquer à qn)*
A: Merci, *(nom de B)*, pour l'interview.

Illustration: Cornelsen Schulverlage / Laurent Lalo

Unité 2: DIALOGUE 2 — A

Mes expériences en France

Dans ton école en France, il y a un/e élève allemand/e (B) qui fait un échange de deux mois. Tu fais une interview avec lui/elle pour le journal des élèves. Tu commences.

A: Begrüße B und sage, dass er/sie zwei Monate in Frankreich sein wird. Frage, wie sein/ihr Aufenthalt ist.

B: …

A: Frage B, was er/sie mit seinem Austauschpartner / seiner Austauschpartnerin gemacht hat.

B: …

A: Frage B, ob es lustige Momente mit der Familie gegeben hat.

B: …

A: Gib B Recht und erzähle, dass es auch ein Missverständnis gab, als du in Deutschland warst, weil du gesagt hast: „Ich kaufe uns ein ‚Glas'." anstatt „Eis". Dein/e Austauschpartner/in hat dann nicht verstanden, warum du ihn/sie gefragt hast „Schokolade und Zitrone"? Frage B, ob er/sie auch unterschiedliche Gewohnheiten entdeckt hat.

B: …

A: Frage nach, wie es in der Schule geht.

B: …

A: Bedanke dich bei B für das Interview.

Illustration: Cornelsen Schulverlage / Laurent Lalo

Unité 2: DIALOGUE 2 — B

Mes expériences en France

Tu fais un échange de deux mois en France. Un élève français (A) fait une interview avec toi pour le journal des élèves. A commence.

A: …

B: Antworte A, dass das gut läuft. Du hattest zwar am Anfang Angst, dass die Leute zu schnell sprechen und die Franzosen dich nicht verstehen, aber das war kein großes Problem. Jedoch fehlt dir deine Familie etwas.

A: …

B: Sage, dass ihr euch sehr gut versteht. Erzähle, dass du mit ihm/ihr zur Schule gehst, aber dass ihr auch die Altstadt besichtigt, einen Einkaufsbummel gemacht und viel gegessen habt. Die Mahlzeiten bei der Familie magst du sehr.

A: …

B: Bejahe und erzähle, dass du einmal gesagt hast, dass du eine „une batterie" für deine Uhr benötigst, und dann haben dich alle komisch angeguckt. Erkläre, dass „Batterie" ein falscher Freund ist, du das aber nicht wusstest.

A: …

B: Bejahe und nenne als Beispiel, dass man in Frankreich oft stilles Wasser trinkt, man bei euch in Deutschland eher die Gewohnheit hat, Sprudelwasser zu trinken. Erkläre, dass es am Anfang etwas merkwürdig war, aber jetzt nicht mehr.

A: …

B: Sage, dass es anders ist, aber interessant. Nur die Gruppenarbeit fehlt dir etwas.

A: …

Illustration: Cornelsen Schulverlage / Laurent Lalo

Unité 2: DIALOGUE 2 mit Lösungen — A

Mes expériences en France

Dans ton école en France, il y a un/e élève allemand/e qui fait un échange de deux mois. Tu fais une interview avec lui/elle pour le journal des élèves.

A: Begrüße B und sage, dass er/sie zwei Monate in Frankreich sein wird. Frage, wie sein/ihr Aufenthalt ist.

(B: Ça se passe bien! Au début, j'avais peur que les gens parlent trop vite et que les Français ne me comprennent pas. Mais ce n'est pas un grand problème. Par contre, ma famille me manque un peu.)

A: Frage B, was er/sie mit seinem Austauschpartner / seiner Austauschpartnerin gemacht hat.

(B: On s'entend très bien. Je suis allé/e à l'école avec elle/lui, mais on a aussi visité la vieille ville, fait du shopping et mangé beaucoup. J'aime bien les repas chez la famille de mon/ma corres.)

A: Frage B, ob es lustige Momente mit der Familie gegeben hat.

(B: Oui. Un jour, j'ai dit: « J'ai besoin d'une batterie pour ma montre. » Tout le monde m'a regardé bizarrement. « Batterie », c'est un faux ami, mais je ne le savais pas.)

A: Gib B Recht und erzähle, dass es auch ein Missverständnis gab, als du in Deutschland warst, weil du gesagt hast: „Ich kaufe uns ein ‚Glas'." anstatt „Eis". Dein/e Austauschpartner/in hat dann nicht verstanden, warum du ihn/sie gefragt hast „Schokolade und Zitrone"? Frage B, ob er/sie auch unterschiedliche Gewohnheiten entdeckt hat.

(B: Oui, par exemple, ici, on boit souvent de l'eau plate. Mais chez nous, on a l'habitude de boire de l'eau gazeuse. Au début, c'était bizarre, mais plus maintenant.)

A: Frage nach, wie es in der Schule geht.

(B: Oui, c'est différent, mais intéressant. Le travail en groupe me manque un peu.)

A: Bedanke dich bei B für das Interview.

Illustration: Cornelsen Schulverlage / Laurent Lalo

Unité 2: DIALOGUE 2 mit Lösungen — B

Mes expériences en France

Tu fais un échange de deux mois en France. Un élève français fait une interview avec toi pour le journal des élèves.

(A: Salut *(nom de B)*! Tu es ici en France pour deux mois. Ça se passe comment, ton séjour?)

B: Antworte A, dass das gut läuft. Du hattest zwar am Anfang Angst, dass die Leute zu schnell sprechen und die Franzosen dich nicht verstehen, aber das war kein großes Problem. Jedoch fehlt dir deine Familie etwas.

(A: Qu'est-ce que tu as fait avec ton/ta corres?)

B: Sage, dass ihr euch sehr gut versteht. Erzähle, dass du mit ihm/ihr zur Schule gehst, aber dass ihr auch die Altstadt besichtigt, einen Einkaufsbummel gemacht und viel gegessen habt. Die Mahlzeiten bei der Familie magst du sehr.

(A: Est-ce qu'il y avait des moments drôles avec la famille?)

B: Bejahe und erzähle, dass du einmal gesagt hast, dass du eine „une batterie" für deine Uhr benötigst, und dann haben dich alle komisch angeguckt. Erkläre, dass „Batterie" ein falscher Freund ist, du das aber nicht wusstest.

(A: Tu as raison! Il y avait aussi un malentendu quand j'étais en Allemagne parce que j'ai dit: « Ich kaufe uns ein ‹ Glas › au lieu de dire ‹ Eis › et mon/ma corres n'a pas compris pourquoi je lui avais demandé ‹ Schokolade und Zitrone? › ». Est-ce que tu as aussi découvert des habitudes différentes?)

B: Bejahe und nenne als Beispiel, dass man in Frankreich oft stilles Wasser trinkt, man bei euch in Deutschland eher die Gewohnheit hat, Sprudelwasser zu trinken. Erkläre, dass es am Anfang etwas merkwürdig war, aber jetzt nicht mehr.

(A: Et à l'école, ça va?)

B: Sage, dass es anders ist, aber interessant. Nur die Gruppenarbeit fehlt dir etwas.

A: Merci, *(nom de B)*, pour l'interview.

Illustration: Cornelsen Schulverlage / Laurent Lalo

Unité 3: DIALOGUE 1 — A

Le Sénégal

Un/e élève du Sénégal (B) fait un échange et il/elle est dans ta classe pour quelques mois. Un jour, tu le/la rencontres devant l'école et vous parlez de ses expériences en Allemagne. Tu commences.

A: Begrüße B und frage, wie es ihm/ihr geht und ob es ihm/ihr gefällt, die Erfahrung zu machen, einige Monate in Deutschland zu leben. *(faire l'expérience de – quelques mois)*

B: ...

A: Sage, dass du nur wenig vom Senegal kennst. Bitte ihn/sie, etwas über sein/ihr Land und die Unterschiede zu erzählen. *(connaître qc – les différences)*

B: ...

A: Sage, dass du das weißt und frage nach, ob Französisch die Amtssprache ist und welche anderen Sprachen man dort noch spricht. *(la langue officielle)*

B: ...

A: Sage, dass du zu gerne mehrere Sprachen sprechen würdest. Das ist viel praktischer, als sie in der Schule zu lernen. Frage nach, ob die Märkte wichtig für sie sind. *(aimer trop faire qc – plus pratique que – un marché)*

B: ...

A: Ergänze, dass wenn man hier anfängt zu handeln, die Leute manchmal wütend werden. Wechsle das Thema und sage, dass du im Fernsehen gesehen hast, dass es bei ihnen einen speziellen Sport gibt, den Kampf. Frage B, ob er/sie schon einmal dorthin gegangen ist. *(commencer à marchander – devenir furieux – à propos – la lutte)*

B: ...

A: Bestätige, dass er/sie ist ein echter Fan von dem Sport ist. *(un vrai fan)*

Illustration: Cornelsen Schulverlage / Laurent Lalo

Unité 3: DIALOGUE 1 — B

Le Sénégal

Tu es un/e élève du Sénégal qui fait un échange en Allemagne. Un jour, tu rencontres un/e camarade de classe (A) devant l'école et il/elle demande de te raconter de tes expériences en Allemagne. A commence.

A: ...

B: Bejahe und füge hinzu, dass es sehr bereichernd ist und es hier viel zu entdecken gibt. Bei dir ist es oft ziemlich anders. *(enrichissant/e – découvrir qc – assez différent)*

A: ...

B: Ja, natürlich! Erzähle, dass der Senegal kleiner ist als Deutschland und es dort etwa 14 Millionen Einwohner gibt, man aber viel mehr Sprachen spricht. *(bien sûr – plus petit que – environ – beaucoup plus de langues)*

A: ...

B: Erkläre, dass es dort Nationalsprachen wie z. B. Wolof oder Fulfulde gibt, die man in den Familien oder auf dem Markt spricht. *(une langue nationale – le wolof – le peul)*

A: ...

B: Bejahe und erkläre, dass es dort einen großen Unterschied gibt, weil man bei euch keinen festen Preis bezahlt wie in Deutschland, sondern dass man handelt. Sage, dass das absolut notwendig ist, weil ansonsten die Händler nicht zufrieden sind. *(un prix fixe – marchander – nécessaire – sinon – les marchands)*

A: ...

B: Bejahe und sage, dass das sehr beliebt bei euch ist, sogar noch beliebter als Fußball. Erzähle, dass die Stadien voll sind und die Atmosphäre genial ist. Erkläre, dass die Männer, die kämpfen, sich enorm vorbereiten und dass sie wie Superhelden für dich sind. *(populaire – encore plus que – plein – l'ambiance – faire de la lutte)*

A: ...

Illustration: Cornelsen Schulverlage / Laurent Lalo

Unité 3: DIALOGUE 1 mit Lösungen — A

Le Sénégal

Un/e élève du Sénégal (B) fait un échange et il/elle est dans ta classe pour quelques mois. Un jour, tu le/la rencontres devant l'école et vous parlez de ses expériences en Allemagne. Tu commences.

A: Begrüße B und frage, wie es ihm/ihr geht und ob es ihm/ihr gefällt, die Erfahrung zu machen, einige Monate in Deutschland zu leben. *(faire l'expérience de – quelques mois)*
(B: Oui, c'est très enrichissant. Il y a beaucoup de choses à découvrir ici. Chez moi, c'est souvent assez différent.)
A: Sage, dass du nur wenig vom Senegal kennst. Bitte ihn/sie, etwas über sein/ihr Land und die Unterschiede zu erzählen. *(connaître qc – les différences)*
(B: Oui, bien sûr! Le Sénégal est plus petit que l'Allemagne, il y a environ 14 millions d'habitants, mais on parle beaucoup plus de langues!)
A: Sage, dass du das weißt und frage nach, ob Französisch die Amtssprache ist und welche anderen Sprachen man dort noch spricht. *(la langue officielle)*
(B: Il y a des langues nationales comme le wolof ou le peul qu'on parle dans les familles ou sur les marchés.)
A: Sage, dass du zu gerne mehrere Sprachen sprechen würdest. Das ist viel praktischer, als sie in der Schule zu lernen. Frage nach, ob die Märkte wichtig für sie sind. *(aimer trop faire qc – plus pratique que – un marché)*
(B: Oui! Et il y a une grande différence: chez nous, on ne paie pas un prix fixe comme chez vous, mais on marchande. C'est absolument nécessaire parce que sinon, les marchands ne sont pas contents.)
A: Ergänze, dass wenn man hier anfängt zu handeln, die Leute manchmal wütend werden. Wechsle das Thema und sage, dass du im Fernsehen gesehen hast, dass es bei ihnen einen speziellen Sport gibt, den Kampf. Frage B, ob er/sie schon einmal dorthin gegangen ist. *(commencer à marchander – devenir furieux – à propos – la lutte)*
(B: Oui, c'est très populaire chez nous, encore plus que le foot! Les stades sont pleins et l'ambiance est géniale. Les hommes qui font de la lutte se préparent énormément. Ils sont comme des superhéros pour moi.)
A: Bestätige, dass er/sie ein echter Fan von dem Sport ist. *(un vrai fan)*

Illustration: Cornelsen Schulverlage / Laurent Lalo

Unité 3: DIALOGUE 1 mit Lösungen 1 — B

Le Sénégal

Tu es un/e élève du Sénégal qui fait un échange en Allemagne. Un jour, tu rencontres un/e camarade de classe (A) devant l'école et il/elle demande de te raconter de tes expériences en Allemagne. A commence.

(A: Salut (*nom de B*), ça va? Tu aimes faire l'expérience de vivre quelques mois en Allemagne?)
B: Bejahe und füge hinzu, dass es sehr bereichernd ist und es hier viel zu entdecken gibt. Bei dir ist es oft ziemlich anders. *(enrichissant/e – découvrir qc – assez différent)*
(A: Je connais très peu le Sénégal. Est-ce que tu pourrais me parler un peu de ton pays et des différences?)
B: Ja, natürlich! Erzähle, dass der Senegal kleiner ist als Deutschland und es dort etwa 14 Millionen Einwohner gibt, man aber viel mehr Sprachen spricht. *(bien sûr – plus petit que – environ – beaucoup plus de langues)*
(A: Ça, je le sais. Le français, c'est la langue officielle, non? Et quelles autres langues est-ce qu'on y parle?)
B: Erkläre, dass es dort Nationalsprachen wie z. B. Wolof oder Fulfulde gibt, die man in den Familien oder auf dem Markt spricht. *(une langue nationale – le wolof – le peul)*
(A: Ah, j'aimerais trop parler plusieurs langues. C'est beaucoup plus pratique que de les apprendre à l'école. Les marchés sont importants pour vous?)
B: Bejahe und erkläre, dass es dort einen großen Unterschied gibt, weil man bei euch keinen festen Preis bezahlt wie in Deutschland, sondern dass man handelt. Sage, dass das absolut notwendig ist, weil ansonsten die Händler nicht zufrieden sind. *(un prix fixe – marchander – nécessaire – sinon – les marchands)*
(A: Et si tu commences à marchander ici, les gens deviennent parfois furieux ... À propos, j'ai vu à la télé qu'il y a un sport spécial chez vous, la lutte. Tu y es déjà allé/e?)
B: Bejahe und sage, dass das sehr beliebt bei euch ist, sogar noch beliebter als Fußball. Erzähle, dass die Stadien voll sind und die Atmosphäre genial ist. Erkläre, dass die Männer, die kämpfen, sich enorm vorbereiten und dass sie wie Superhelden für dich sind. *(populaire – encore plus que – plein – l'ambiance – faire de la lutte)*
(A: Je vois que tu es un vrai fan de ce sport!)

Illustration: Cornelsen Schulverlage / Laurent Lalo

Unité 3: DIALOGUE 1 — A

Le Sénégal

Un/e élève du Sénégal (B) fait un échange et il/elle est dans ta classe pour quelques mois. Un jour, tu le/la rencontres devant l'école et vous parlez de ses expériences en Allemagne. Tu commences.

A: Begrüße B und frage, wie es ihm/ihr geht und ob es ihm/ihr gefällt, die Erfahrung zu machen, einige Monate in Deutschland zu leben.

B: ...

A: Sage, dass du nur wenig vom Senegal kennst. Bitte ihn/sie, etwas über sein/ihr Land und die Unterschiede zu erzählen.

B: ...

A: Sage, dass du das weißt und frage nach, ob Französisch die Amtssprache ist und welche anderen Sprachen man dort noch spricht.

B: ...

A: Sage, dass du zu gerne mehrere Sprachen sprechen würdest. Das ist viel praktischer, als sie in der Schule zu lernen. Frage nach, ob die Märkte wichtig für sie sind.

B: ...

A: Ergänze, dass wenn man hier anfängt zu handeln, die Leute manchmal wütend werden. Wechsle das Thema und sage, dass du im Fernsehen gesehen hast, dass es bei ihnen einen speziellen Sport gibt, den Kampf. Frage B, ob er/sie schon einmal dorthin gegangen ist.

B: ...

A: Bestätige, dass er/sie ein echter Fan von dem Sport ist.

Illustration: Cornelsen Schulverlage / Laurent Lalo

Unité 3: DIALOGUE 1 — B

Le Sénégal

Tu es un/e élève du Sénégal qui fait un échange en Allemagne. Un jour, tu rencontres un/e camarade de classe (A) devant l'école et il/elle demande de te raconter de tes expériences en Allemagne. A commence.

A: ...

B: Bejahe und füge hinzu, dass es sehr bereichernd ist und es hier viel zu entdecken gibt. Bei dir ist es oft ziemlich anders.

A: ...

B: Ja, natürlich! Erzähle, dass der Senegal kleiner ist als Deutschland und es dort etwa 14 Millionen Einwohner gibt, man aber viel mehr Sprachen spricht.

A: ...

B: Erkläre, dass es dort Nationalsprachen wie z. B. Wolof oder Fulfulde gibt, die man in den Familien oder auf dem Markt spricht.

A: ...

B: Bejahe und erkläre, dass es dort einen großen Unterschied gibt, weil man bei euch keinen festen Preis bezahlt wie in Deutschland, sondern dass man handelt. Sage, dass das absolut notwendig ist, weil ansonsten die Händler nicht zufrieden sind.

A: ...

B: Bejahe und sage, dass das sehr beliebt bei euch ist, sogar noch beliebter als Fußball. Erzähle, dass die Stadien voll sind und die Atmosphäre genial ist. Erkläre, dass die Männer, die kämpfen, sich enorm vorbereiten und dass sie wie Superhelden für dich sind.

A: ...

Illustration: Cornelsen Schulverlage / Laurent Lalo

Unité 3: DIALOGUE 1 mit Lösungen — A

Le Sénégal

Un/e élève du Sénégal (B) fait un échange et il/elle est dans ta classe pour quelques mois. Un jour, tu le/la rencontres devant l'école et vous parlez de ses expériences en Allemagne. Tu commences.

A: Begrüße B und frage, wie es ihm/ihr geht und ob es ihm/ihr gefällt, die Erfahrung zu machen, einige Monate in Deutschland zu leben.

(B: Oui, c'est très enrichissant. Il y a beaucoup de choses à découvrir ici. Chez moi, c'est souvent assez différent.)

A: Sage, dass du nur wenig vom Senegal kennst. Bitte ihn/sie, etwas über sein/ihr Land und die Unterschiede zu erzählen.

(B: Oui, bien sûr! Le Sénégal est plus petit que l'Allemagne, il y a environ 14 millions d'habitants, mais on parle beaucoup plus de langues!)

A: Sage, dass du das weißt und frage nach, ob Französisch die Amtssprache ist und welche anderen Sprachen man dort noch spricht.

(B: Il y a des langues nationales comme le wolof ou le peul qu'on parle dans les familles ou sur les marchés.)

A: Sage, dass du zu gerne mehrere Sprachen sprechen würdest. Das ist viel praktischer, als sie in der Schule zu lernen. Frage nach, ob die Märkte wichtig für sie sind.

(B: Oui! Et il y a une grande différence: chez nous, on ne paie pas un prix fixe comme chez vous, mais on marchande. C'est absolument nécessaire parce que sinon, les marchands ne sont pas contents.)

A: Ergänze, dass wenn man hier anfängt zu handeln, die Leute manchmal wütend werden. Wechsle das Thema und sage, dass du im Fernsehen gesehen hast, dass es bei ihnen einen speziellen Sport gibt, den Kampf. Frage B, ob er/sie schon einmal dorthin gegangen ist.

(B: Oui, c'est très populaire chez nous, encore plus que le foot! Les stades sont pleins et l'ambiance est géniale. Les hommes qui font de la lutte se préparent énormément. Ils sont comme des superhéros pour moi.)

A: Bestätige, dass er/sie ein echter Fan von dem Sport ist.

Illustration: Cornelsen Schulverlage / Laurent Lalo

Unité 3: DIALOGUE 1 mit Lösungen — B

Le Sénégal

Tu es un/e élève du Sénégal qui fait un échange en Allemagne. Un jour, tu rencontres un/e camarade de classe (A) devant l'école et il/elle demande de te raconter de tes expériences en Allemagne. A commence.

(A: Salut (*nom de B*), ça va? Tu aimes faire l'expérience de vivre quelques mois en Allemagne?)

B: Bejahe und füge hinzu, dass es sehr bereichernd ist und es hier viel zu entdecken gibt. Bei dir ist es oft ziemlich anders.

(A: Je connais très peu le Sénégal. Est-ce que tu pourrais me parler un peu de ton pays et des différences?)

B: Ja, natürlich! Erzähle, dass der Senegal kleiner ist als Deutschland und es dort etwa 14 Millionen Einwohner gibt, man aber viel mehr Sprachen spricht.

(A: Ça, je le sais. Le français, c'est la langue officielle, non? Et quelles autres langues est-ce qu'on y parle?)

B: Erkläre, dass es dort Nationalsprachen wie z. B. Wolof oder Fulfulde gibt, die man in den Familien oder auf dem Markt spricht.

(A: Ah, j'aimerais trop parler plusieurs langues. C'est beaucoup plus pratique que de les apprendre à l'école. Les marchés sont importants pour vous?)

B: Bejahe und erkläre, dass es dort einen großen Unterschied gibt, weil man bei euch keinen festen Preis bezahlt wie in Deutschland, sondern dass man handelt. Sage, dass das absolut notwendig ist, weil ansonsten die Händler nicht zufrieden sind.

(A: Et si tu commences à marchander ici, les gens deviennent parfois furieux ... À propos, j'ai vu à la télé qu'il y a un sport spécial chez vous, la lutte. Tu y es déjà allé/e?)

B: Bejahe und sage, dass das sehr beliebt bei euch ist, sogar noch beliebter als Fußball. Erzähle, dass die Stadien voll sind und die Atmosphäre genial ist. Erkläre, dass die Männer, die kämpfen, sich enorm vorbereiten und dass sie wie Superhelden für dich sind.

(A: Je vois que tu es un vrai fan de ce sport!)

Illustration: Cornelsen Schulverlage / Laurent Lalo

Unité 3: DIALOGUE 2 — A

Les stars du cinéma

Lundi matin, tu retrouves ton copain / ta copine (B) dans la cour et vous parlez de ce que vous avez fait le week-end. Comme il/elle a été au cinéma, vous parlez des films et des personnes célèbres. Tu commences.

A: Begrüße B und frage, wie es ihm/ihr geht und wie ihr/sein Wochenende war. *(c'était comment)*

B: ...

A: Frage nach, ob das der Film von dem Comic von Marguerite Abouet ist. Füge hinzu, dass diese Frau genial ist. Du magst es, dass sie ein realistisches Bild von ihrem Land, der Elfenbeinküste, gibt. *(la bédé – donner une image réaliste – la Côte d'Ivoire)*

B: ...

A: Sage, dass Du den Comic gelesen hast und dass du nicht so gerne den Film siehst, wenn du das Buch gelesen hast. Wechsle das Thema und frage, ob B den Film „Marock" kennt. Das ist der Film mit Fatym Layachi, den du gerne anschauen würdest. *(la bédé – ne pas trop aimer qc – par contre)*

B: ...

A: Bejahe und sage, dass sie in Marokko, wo sie geboren ist, ein Star ist. Die Jugendlichen dort denken, dass sie ein Symbol der modernen Frau ist. Füge hinzu, dass Freiheit sehr wichtig für sie ist. *(une star – être né/e – un symbole de la femme moderne – la liberté)*

B: ...

A: Sage, dass das eine gute Idee ist.

Illustration: Cornelsen Schulverlage / Laurent Lalo

Unité 3: DIALOGUE 2 — B

Les stars du cinéma

Lundi matin, tu retrouves ton copain / ta copine (A) dans la cour et vous parlez de ce que vous avez fait le week-end. Comme tu as été au cinéma, vous parlez des films et des personnes célèbres. A commence.

A: ...

B: Sage, dass es gut war und erzähle, dass du am Samstag mit deinem Bruder ins Kino gegangen bist, um den Film „Aya de Yopougon" anzusehen. Er hat euch gut gefallen. *(qui nous a beaucoup plu)*

A: ...

B: Stimme zu und informiere B, dass sie jetzt in der Nähe von Paris lebt, wo sie sich für Kinder in Afrika engagiert. Ergänze, dass sie sogar eine Organisation gegründet hat, um dort Bibliotheken zu erschaffen. In „Aya" erzählt sie vom Afrika ihrer Kindheit. Sage, dass es interessant anzugucken ist. A muss den Film ebenfalls sehen. *(vivre près de – s'engager pour qc – fonder qc – pour y créer – l'enfance – être intéressant à voir)*

A: ...

B: Verneine und frage nach, ob Fatym Layachi eine berühmte Schauspielerin ist. *(une actrice célèbre)*

A: ...

B: Du findest das interessant und schlägst vor, den Film zusammen anzugucken. *(ensemble)*

A: ...

Illustration: Cornelsen Schulverlage / Laurent Lalo

Unité 3: DIALOGUE 2 mit Lösungen — A

Les stars du cinéma

Lundi matin, tu retrouves ton copain / ta copine (B) dans la cour et vous parlez de ce que vous avez fait le week-end. Comme il/elle a été au cinéma, vous parlez des films et des personnes célèbres. Tu commences.

A: Begrüße B und frage, wie es ihm/ihr geht und wie ihr/sein Wochenende war. *(c'était comment)*

(B: C'était bien. Samedi, je suis allé/e au cinéma avec mon frère. On a regardé le film « Aya de Yopougon ». Il nous a beaucoup plu!)

A: Frage nach, ob das der Film von dem Comic von Marguerite Abouet ist. Füge hinzu, dass diese Frau genial ist. Du magst es, dass sie ein realistisches Bild von ihrem Land, der Elfenbeinküste, gibt. *(la bédé – donner une image réaliste – la Côte d'Ivoire)*

(B: Oui, c'est vrai. Mais maintenant, elle vit près de Paris où elle s'engage aussi pour les enfants en Afrique. Elle a même fondé une organisation pour y créer des bibliothèques. Dans « Aya », elle raconte l'Afrique de son enfance. C'est vraiment intéressant à voir. Tu dois aller le voir aussi.)

A: Sage, dass Du den Comic gelesen hast und dass du nicht so gerne den Film siehst, wenn du das Buch gelesen hast. Wechsle das Thema und frage, ob B den Film „Marock" kennt. Das ist der Film mit Fatym Layachi, den du gerne anschauen würdest. *(la bédé – ne pas trop aimer qc – par contre)*

(B: Non, je ne le connais pas. Fatym Layachi, c'est une actrice célèbre?)

A: Bejahe und sage, dass sie in Marokko, wo sie geboren ist, ein Star ist. Die Jugendlichen dort denken, dass sie ein Symbol der modernen Frau ist. Füge hinzu, dass Freiheit sehr wichtig für sie ist. *(une star – être né/e – un symbole de la femme moderne – la liberté)*

(B: C'est intéressant. On pourrait peut-être regarder le film ensemble?)

A: Sage, dass das eine gute Idee ist.

Illustration: Cornelsen Schulverlage / Laurent Lalo

Unité 3: DIALOGUE 2 mit Lösungen — B

Les stars du cinéma

Lundi matin, tu retrouves ton copain / ta copine (A) dans la cour et vous parlez de ce que vous avez fait le week-end. Comme tu as été au cinéma, vous parlez des films et des personnes célèbres. A commence.

(A: Salut (*nom de B*), ça va? C'était comment, ton week-end?)

B: Sage, dass es gut war und erzähle, dass du am Samstag mit deinem Bruder ins Kino gegangen bist, um den Film „Aya de Yopougon" anzusehen. Er hat euch gut gefallen. *(qui nous a beaucoup plu)*

(A: C'est le film de la bédé de Marguerite Abouet, non? Cette femme est géniale! J'aime bien qu'elle donne une image réaliste de son pays la Côte d'Ivoire.)

B: Stimme zu und informiere B, dass sie jetzt in der Nähe von Paris lebt, wo sie sich für Kinder in Afrika engagiert. Ergänze, dass sie sogar eine Organisation gegründet hat, um dort Bibliotheken zu erschaffen. In „Aya" erzählt sie vom Afrika ihrer Kindheit. Sage, dass es interessant anzugucken ist. A muss den Film ebenfalls sehen. *(vivre près de – s'engager pour qc – fonder qc – pour y créer – l'enfance – être intéressant à voir)*

(A: Moi, j'ai lu la bédé et je n'aime pas trop voir le film quand j'ai lu le livre. Par contre, tu connais le film « Marock »? C'est un film avec Fatym Layachi que j'aimerais voir.)

B: Verneine und frage nach, ob Fatym Layachi eine berühmte Schauspielerin ist. *(une actrice célèbre)*

(A: Oui, c'est une star au Maroc où elle est née. Les jeunes pensent qu'elle est un symbole de la femme moderne. La liberté est très importante pour elle.)

B: Du findest das interessant und schlägst vor, den Film zusammen anzugucken. *(ensemble)*

(A: Bonne idée!)

Illustration: Cornelsen Schulverlage / Laurent Lalo

Unité 3: DIALOGUE 2 — A

Les stars du cinéma

Lundi matin, tu retrouves ton copain / ta copine (B) dans la cour et vous parlez de ce que vous avez fait le week-end. Comme il/elle a été au cinéma, vous parlez des films et des personnes célèbres. Tu commences.

A: Begrüße B und frage, wie es ihm/ihr geht und wie ihr/sein Wochenende war.
B: ...
A: Frage nach, ob das der Film von dem Comic von Marguerite Abouet ist. Füge hinzu, dass diese Frau genial ist. Du magst es, dass sie ein realistisches Bild von ihrem Land, der Elfenbeinküste, gibt.
B: ...
A: Sage, dass Du den Comic gelesen hast und dass du nicht so gerne den Film siehst, wenn du das Buch gelesen hast. Wechsle das Thema und frage, ob B den Film „Marock“ kennt. Das ist der Film mit Fatym Layachi, den du gerne anschauen würdest.
B: ...
A: Bejahe und sage, dass sie in Marokko, wo sie geboren ist, ein Star ist. Die Jugendlichen dort denken, dass sie ein Symbol der modernen Frau ist. Füge hinzu, dass Freiheit sehr wichtig für sie ist.
B: ...
A: Sage, dass das eine gute Idee ist.

Illustration: Cornelsen Schulverlage / Laurent Lalo

Unité 3: DIALOGUE 2 — B

Les stars du cinéma

Lundi matin, tu retrouves ton copain / ta copine (A) dans la cour et vous parlez de ce que vous avez fait le week-end. Comme tu as été au cinéma, vous parlez des films et des personnes célèbres. A commence.

A: ...
B: Sage, dass es gut war und erzähle, dass du am Samstag mit deinem Bruder ins Kino gegangen bist, um den Film „Aya de Yopougon“ anzusehen. Er hat euch gut gefallen.
A: ...
B: Stimme zu und informiere B, dass sie jetzt in der Nähe von Paris lebt, wo sie sich für Kinder in Afrika engagiert. Ergänze, dass sie sogar eine Organisation gegründet hat, um dort Bibliotheken zu erschaffen. In „Aya“ erzählt sie vom Afrika ihrer Kindheit. Sage, dass es interessant anzugucken ist. A muss den Film ebenfalls sehen.
A: ...
B: Verneine und frage nach, ob Fatym Layachi eine berühmte Schauspielerin ist.
A: ...
B: Du findest das interessant und schlägst vor, den Film zusammen anzugucken.
A: ...

Illustration: Cornelsen Schulverlage / Laurent Lalo

Unité 3: DIALOGUE 2 mit Lösungen — A

Les stars du cinéma

Lundi matin, tu retrouves ton copain / ta copine (B) dans la cour et vous parlez de ce que vous avez fait le week-end. Comme il/elle a été au cinéma, vous parlez des films et des personnes célèbres. Tu commences.

A: Begrüße B und frage, wie es ihm/ihr geht und wie ihr/sein Wochenende war.
(B: C'était bien. Samedi, je suis allé/e au cinéma avec mon frère. On a regardé le film «Aya de Yopougon». Il nous a beaucoup plu!)
A: Frage nach, ob das der Film von dem Comic von Marguerite Abouet ist. Füge hinzu, dass diese Frau genial ist. Du magst es, dass sie ein realistisches Bild von ihrem Land, der Elfenbeinküste, gibt.
(B: Oui, c'est vrai. Mais maintenant, elle vit près de Paris où elle s'engage aussi pour les enfants en Afrique. Elle a même fondé une organisation pour y créer des bibliothèques. Dans «Aya», elle raconte l'Afrique de son enfance. C'est vraiment intéressant à voir. Tu dois aller le voir aussi.)
A: Sage, dass Du den Comic gelesen hast und dass du nicht so gerne den Film siehst, wenn du das Buch gelesen hast. Wechsle das Thema und frage, ob B den Film „Marock" kennt. Das ist der Film mit Fatym Layachi, den du gerne anschauen würdest.
(B: Non, je ne le connais pas. Fatym Layachi, c'est une actrice célèbre?)
A: Bejahe und sage, dass sie in Marokko, wo sie geboren ist, ein Star ist. Die Jugendlichen dort denken, dass sie ein Symbol der modernen Frau ist. Füge hinzu, dass Freiheit sehr wichtig für sie ist.
(B: C'est intéressant. On pourrait peut-être regarder le film ensemble?)
A: Sage, dass das eine gute Idee ist.

Illustration: Cornelsen Schulverlage / Laurent Lalo

Unité 3: DIALOGUE 2 mit Lösungen — B

Les stars du cinéma

Lundi matin, tu retrouves ton copain / ta copine (A) dans la cour et vous parlez de ce que vous avez fait le week-end. Comme tu as été au cinéma, vous parlez des films et des personnes célèbres. A commence.

(A: Salut (*nom de B*), ça va? C'était comment, ton week-end?)
B: Sage, dass es gut war und erzähle, dass du am Samstag mit deinem Bruder ins Kino gegangen bist, um den Film „Aya de Yopougon" anzusehen. Er hat euch gut gefallen.
(A: C'est le film de la bédé de Marguerite Abouet, non? Cette femme est géniale! J'aime bien qu'elle donne une image réaliste de son pays la Côte d'Ivoire.)
B: Stimme zu und informiere B, dass sie jetzt in der Nähe von Paris lebt, wo sie sich für Kinder in Afrika engagiert. Ergänze, dass sie sogar eine Organisation gegründet hat, um dort Bibliotheken zu erschaffen. In „Aya" erzählt sie vom Afrika ihrer Kindheit. Sage, dass es interessant anzugucken ist. A muss, den Film ebenfalls sehen.
(A: Moi, j'ai lu la bédé et je n'aime pas trop voir le film quand j'ai lu le livre. Par contre, tu connais le film «Marock»? C'est un film avec Fatym Layachi que j'aimerais voir.)
B: Verneine und frage nach, ob Fatym Layachi eine berühmte Schauspielerin ist.
(A: Oui, c'est une star au Maroc où elle est née. Les jeunes pensent qu'elle est un symbole de la femme moderne. La liberté est très importante pour elle.)
B: Du findest das interessant und schlägst vor, den Film zusammen anzugucken.
(A: Bonne idée!)

Illustration: Cornelsen Schulverlage / Laurent Lalo

Module A

A

Moi, j'aurais répondu tout de suite!

L'après-midi, tu vas chez ton ami/e (B). Tu remarques qu'il/elle ne va pas bien. Tu commences.

A: Begrüße B und frage, ob es ihm/ihr nicht so gut geht. Er/Sie sieht heute traurig aus. *(avoir l'air triste)*

B: ...

A: Frage nach, warum B nicht geantwortet hat und sage B, dass B ihm/ihr sofort hätte antworten müssen. *(devoir lui écrire)*

B: ...

A: Sage B, dass du an seiner/ihrer Stelle sofort geantwortet hättest. Ein/e Freund/in ist wichtiger als ein Training. Füge hinzu, dass B ihm/ihr hätte helfen können. *(à ta place – plus important/e que)*

B: ...

A: Entgegne, dass man bei B aber weiß, dass er/sie immer liest. Rate B dazu, eine schöne Nachricht zu schreiben, mit der er/sie sich entschuldigt. Du hältst das für die beste Lösung. *(essayer de faire qc – un message dans lequel – meilleur)*

B: ...

Illustration: Cornelsen Schulverlage / Laurent Lalo

Module A

B

Moi, j'aurais répondu tout de suite!

L'après-midi, un/e ami/e (A) te rend visite. Tu es triste. A commence.

A: ...

B: Gib zu, dass es dir nicht gut so geht. Erzähle, dass dir dein/e Freund/in gestern eine Nachricht geschrieben hat, in der er/sie dir erzählt hat, dass er/sie traurig sei. Du hast aber nicht geantwortet. Sage, dass er/sie nun wütend ist. *(un message où – furieux/-euse)*

A: ...

B: Stimme A zu und sage, dass du das hättest machen müssen, aber dass du da gerade zum Training los musstest, und du es danach vergessen hast. Dir tut es wirklich leid, aber nun möchte er/sie nicht mehr mit dir sprechen. *(partir pour l'entraînement – être désolé/e – vouloir me parler)*

A: ...

B: Stimme A zu und wende ein, dass er/sie auch hätte anrufen können. Eine Nachricht liest man nicht immer sofort. *(pouvoir appeler qn – lire qc tout de suite)*

A: ...

B: Frage nach, ob A sich sicher ist. Sage, dass du das versuchen wirst. Füge hinzu, dass du ihm/ihrsagst, dass er/sie hätte anrufen sollen und dass er/sie dich immer anrufen kann, wenn es ein Problem gibt. *(essayer qc – quand même)*

Illustration: Cornelsen Schulverlage / Laurent Lalo

○ Module A mit Lösungen **A**

Moi, j'aurais répondu tout de suite!

L'après-midi, tu vas chez ton ami/e (B). Tu remarques qu'il/elle ne va pas bien. Tu commences.

A: Begrüße B und frage, ob es ihm/ihr nicht so gut geht. Er/Sie sieht heute traurig aus. *(avoir l'air triste)*
(B: Non, ça ne va pas trop. Hier, mon ami/e m'a écrit un message où il/elle m'a dit qu'il/elle était triste, mais je n'ai pas répondu. Maintenant, il/elle est furieux/-euse.)
A: Frage nach, warum B nicht geantwortet hat und sage B, dass B ihm/ihr sofort hätte antworten müssen. *(devoir lui écrire)*
(B: Tu as raison, j'aurais dû, mais j'ai dû partir pour mon entraînement, et après, j'ai oublié. Je suis vraiment désolé/e, mais il/elle ne veut plus me parler.)
A: Sage B, dass du an seiner/ihrer Stelle sofort geantwortet hättest. Ein/e Freund/in ist wichtiger als ein Training. Füge hinzu, dass B ihm/ihr hätte helfen können. *(à ta place – plus important/e que)*
(B: Oui, c'est vrai. Mais il/elle aurait aussi pu m'appeler. Un message, on ne le lit pas toujours tout de suite.)
A: Entgegne, dass man bei B aber weiß, dass er/sie immer liest. Rate B dazu, eine schöne Nachricht zu schreiben, mit der er/sie sich entschuldigt. Du hältst das für die beste Lösung. *(essayer de faire qc – un message dans lequel – meilleur)*
(B: Tu crois? Bon, je vais essayer. Mais je lui dis quand même qu'il/elle aurait dû m'appeler et qu'il/elle peut m'appeler toujours quand il y a un problème.)

Illustration: Cornelsen Schulverlage / Laurent Lalo

○ Module A mit Lösungen **B**

Moi, j'aurais répondu tout de suite!

L'après-midi, un/e ami/e (A) te rend visite. Tu es triste. A commence.

(A: Salut (*nom de B*)! Ça ne va pas? Tu as l'air triste aujourd'hui.)
B: Gib zu, dass es dir nicht so gut geht. Erzähle, dass dir dein/e Freund/in gestern eine Nachricht geschrieben hat, in der er/sie dir erzählt hat, dass er/sie traurig sei. Du hast aber nicht geantwortet. Sage, dass er/sie nun wütend ist. *(un message où – furieux/-euse)*
(A: Mais pourquoi est-ce que tu n'as pas répondu? Tu aurais dû lui écrire tout de suite!)
B: Stimme A zu und sage, dass du das hättest machen müssen, aber dass du da gerade zum Training los musstest, und du es danach vergessen hast. Dir tut es wirklich leid, aber nun möchte er/sie nicht mehr mit dir sprechen. *(partir pour l'entraînement – être désolé/e – vouloir me parler)*
(A: Moi, à ta place, j'aurais répondu tout de suite. Un/e ami/e est plus important/e qu'un entraînement. Tu aurais pu l'aider.)
B: Stimme A zu und wende ein, dass er/sie auch hätte anrufen können. Eine Nachricht liest man nicht immer sofort. *(pouvoir appeler qn – lire qc tout de suite)*
(A: Mais toi, tu les lis toujours, on le sait. Essaie de lui écrire un beau message dans lequel tu dis « Pardon ». C'est la meilleure solution.)
B: Frage nach, ob A sich sicher ist. Sage, dass du das versuchen wirst. Füge hinzu, dass du ihm/ihr sagst, dass er/sie hätte anrufen sollen und dass er/sie dich immer anrufen kann, wenn es ein Problem gibt. *(essayer qc – quand même)*

Illustration: Cornelsen Schulverlage / Laurent Lalo

Module A

A

Moi, j'aurais répondu tout de suite!

L'après-midi, tu vas chez ton ami/e (B). Tu remarques qu'il/elle ne va pas bien. Tu commences.

A: Begrüße B und frage, ob es ihm/ihr nicht so gut geht. Er/Sie sieht heute traurig aus.

B: …

A: Frage nach, warum B nicht geantwortet hat und sage B, dass B ihm/ihr sofort hätte antworten müssen.

B: …

A: Sage B, dass du an seiner/ihrer Stelle sofort geantwortet hättest. Ein/e Freund/in ist wichtiger als ein Training. Füge hinzu, dass er/sie ihm hätte helfen können.

B: …

A: Entgegne, dass man bei B aber weiß, dass er/sie immer liest. Rate B dazu, eine schöne Nachricht zu schreiben, mit der er/sie sich entschuldigt. Du hältst das für die beste Lösung.

B: …

Illustration: Cornelsen Schulverlage / Laurent Lalo

Module A

B

Moi, j'aurais répondu tout de suite!

L'après-midi, un/e ami/e (A) te rend visite. Tu es triste. A commence.

A: …

B: Gib zu, dass es dir nicht gut so geht. Erzähle, dass dir dein/e Freund/in gestern eine Nachricht geschrieben hast, in der er/sie dir erzählt hat, dass sie traurig sei. Du hast aber nicht geantwortet. Sage, dass er/sie nun wütend ist.

A: …

B: Stimme A zu und sage, dass du das hättest machen müssen, aber dass du da gerade zum Training los musstest, und du es danach vergessen hast. Dir tut es wirklich leid, aber nun möchte er/sie nicht mehr mit dir sprechen.

A: …

B: Stimme A zu und wende ein, dass er/sie auch hätte anrufen können. Eine Nachricht liest man nicht immer sofort.

A: …

B: Frage nach, ob A sich sicher ist. Sage, dass du das versuchen wirst. Füge hinzu, dass du ihm/ihr sagst, dass er/sie hätte anrufen sollen und dass er/sie dich immer anrufen kann, wenn es ein Problem gibt.

Illustration: Cornelsen Schulverlage / Laurent Lalo

Moi, j'aurais répondu tout de suite!

L'après-midi, tu vas chez ton ami/e (B). Tu remarques qu'il/elle ne va pas bien. Tu commences.

A: Begrüße B und frage, ob es ihm/ihr nicht so gut geht. Er/Sie sieht heute traurig aus.

(B: Non, ça ne va pas trop. Hier, mon ami/e X m'a écrit un message où il/elle m'a dit qu'il/elle était triste, mais je n'ai pas répondu. Maintenant, il/elle est furieux/-euse.)

A: Frage nach, warum B nicht geantwortet hat und sage B, dass B ihm/ihr sofort hätte antworten müssen.

(B: Tu as raison, j'aurais dû, mais j'ai dû partir pour mon entraînement, et après, j'ai oublié. Je suis vraiment désolé/e, mais il/elle ne veut plus me parler.)

A: Sage B, dass du an seiner/ihrer Stelle sofort geantwortet hättest. Ein/e Freund/in ist wichtiger als ein Training. Füge hinzu, dass er/sie ihm hätte helfen können.

(B: Oui, c'est vrai. Mais il/elle aurait aussi pu m'appeler. Un message, on ne le lit pas toujours tout de suite.)

A: Entgegne, dass man bei B aber weiß, dass er/sie immer liest. Rate B dazu, eine schöne Nachricht zu schreiben, mit der er/sie sich entschuldigt. Du hältst das für die beste Lösung.

(B: Tu crois? Bon, je vais essayer. Mais je lui dis quand même qu'il/elle aurait dû m'appeler et qu'il/elle peut m'appeler toujours quand il y a un problème.)

Illustration: Cornelsen Schulverlage / Laurent Lalo

Moi, j'aurais répondu tout de suite!

L'après-midi, un/e ami/e (A) te rend visite. Tu es triste. A commence.

(A: Salut (*nom de B*)! Ça ne va pas? Tu as l'air triste aujourd'hui.)

B: Gib zu, dass es dir nicht gut so geht. Erzähle, dass dir dein/e Freund/in gestern eine Nachricht geschrieben hast, in der er/sie dir erzählt hat, dass sie traurig sei. Du hast aber nicht geantwortet. Sage, dass er/sie nun wütend ist.

(A: Mais pourquoi est-ce que tu n'as pas répondu? Tu aurais dû lui écrire tout de suite!)

B: Stimme A zu und sage, dass du das hättest machen müssen, aber dass du da gerade zum Training los musstest, und du es danach vergessen hast. Dir tut es wirklich leid, aber nun möchte er/sie nicht mehr mit dir sprechen.

(A: Moi, à ta place, j'aurais répondu tout de suite. Un/e ami/e est plus important/e qu'un entraînement. Tu aurais pu l'aider.)

B: Stimme A zu und wende ein, dass er/sie auch hätte anrufen können. Eine Nachricht liest man nicht immer sofort.

(A: Mais toi, tu les lis toujours, on le sait. Essaie de lui écrire un beau message dans lequel tu dis « Pardon ». C'est la meilleure solution.)

B: Frage nach, ob A sich sicher ist. Sage, dass du das versuchen wirst. Füge hinzu, dass du ihm/ihr sagst, dass er/sie hätte anrufen sollen und dass er/sie dich immer anrufen kann, wenn es ein Problem gibt.

Illustration: Cornelsen Schulverlage / Laurent Lalo

Module B **A**

C'est utile d'apprendre les langues étrangères?

Tu es un/e jeune Français/e. Pendant ton échange, tu parles avec un/e jeune Allemand/e (B) de ce que vous pensez de l'apprentissage de la langue étrangère. Tu commences.

A: Frage B, ob er/sie Französisch leicht findet. *(facile)*

B: …

A: Verneine, denn du findest es etwas schwierig. Sage, dass du es aber vorziehst, mit B Deutsch zu sprechen und nicht im Unterricht, weil das natürlicher ist. Frage B, ob er/sie es nützlich findet, Französisch in der Schule zu lernen. *(compliqué – en cours – plus naturel – être utile de faire qc)*

B: …

A: Stimme entschieden dem letzten Satz zu. Füge hinzu, dass deine Mutter immer sagt, dass es wichtig ist, Deutsch zu lernen, weil Deutschland euer Nachbarland ist. Außerdem leben wir in Europa. Man muss also mehrere europäische Sprachen sprechen. *(être important de faire qc – le pays voisin – plusieurs langues)*

B: …

A: Mildere Bs Einschätzung etwas ab. Was du magst, ist, dass man viel über die Kultur lernt. *(ce que … c'est que)*

B: …

Illustration: Cornelsen Schulverlage / Laurent Lalo

Module B **B**

C'est utile d'apprendre les langues étrangères?

Pendant ton échange, tu parles avec un/e jeune Français/e (A) de ce que vous pensez de l'apprentissage de la langue étrangère. A commence.

A: …

B: Sage, dass es geht, dass es aber eine schöne Sprache ist. Frage A, ob Deutsch für sie/ihn leicht ist. *(une belle langue)*

A: …

B: Bejahe und erkläre, dass du es für einen Austausch nützlich findest und dass es viele frankophone Länder in der Welt gibt. Andererseits sprechen alle Englisch. *(utile – les pays francophones – par contre)*

A: …

B: Gib der Mutter Recht und erkläre, dass beide Länder im Bereich der Wirtschaft viel zusammenarbeiten. Das wird vielleicht für eure berufliche Zukunft wichtig sein. *(coopérer – le domaine de l'économie – l'avenir professionnel)*

A: …

B: Stimme A zu, aber du denkst trotzdem, dass Englisch die nützlichste Sprache ist. *(quand même – la langue la plus utile)*

Illustration: Cornelsen Schulverlage / Laurent Lalo

Module B mit Lösungen **A**

C'est utile d'apprendre les langues étrangères?

Tu es un/e jeune Français/e. Pendant ton échange, tu parles avec un/e jeune Allemand/e (B) de ce que vous pensez de l'apprentissage de la langue étrangère. Tu commences.

A: Frage B, ob er/sie Französisch leicht findet. *(facile)*
(B: Ça va, mais c'est une belle langue. Et pour toi, l'allemand c'est facile?)
A: Verneine, denn du findest es etwas schwierig. Sage, dass du es aber vorziehst, mit B Deutsch zu sprechen und nicht im Unterricht, weil das natürlicher ist. Frage B, ob er/sie es nützlich findet, Französisch in der Schule zu lernen. *(compliqué – en cours – plus naturel – être utile de faire qc)*
(B: Oui, c'est utile pour faire un échange et parce que dans le monde, il y a beaucoup de pays francophones. Par contre, tout le monde parle anglais.)
A: Stimme entschieden dem letzten Satz zu. Füge hinzu, dass deine Mutter immer sagt, dass es wichtig ist, Deutsch zu lernen, weil Deutschland euer Nachbarland ist. Außerdem leben wir in Europa und man muss also mehrere europäische Sprachen sprechen. *(être important de faire qc – le pays voisin – plusieurs langues)*
(B: Elle a raison, les deux pays coopèrent beaucoup dans le domaine de l'économie. Et ça sera peut-être important pour notre avenir professionnel.)
A: Mildere Bs Einschätzung etwas ab. Was du magst, ist, dass man viel über die Kultur lernt. *(ce que … c'est que)*
(B: Tu as raison. Mais je pense quand même que l'anglais est la langue la plus utile.)

Illustration: Cornelsen Schulverlage / Laurent Lalo

Module B mit Lösungen **B**

C'est utile d'apprendre les langues étrangères?

Pendant ton échange, tu parles avec un/e jeune Français/e (A) de ce que vous pensez de l'apprentissage de la langue étrangère. A commence.

(A: Tu trouves que c'est facile, le français?)
B: Sage, dass es geht, dass es aber eine schöne Sprache ist. Frage A, ob Deutsch für sie/ihn leicht ist. *(une belle langue)*
(A: Non, c'est un peu compliqué pour moi. Mais je préfère parler allemand avec toi et pas en cours parce que c'est plus naturel. Est-ce que tu trouves que c'est utile d'apprendre le français à l'école?)
B: Bejahe und erkläre, dass du es für einen Austausch nützlich findest und dass es viele frankophone Länder in der Welt gibt. Andererseits sprechen alle Englisch. *(utile – les pays francophones – par contre)*
(A: Là, je suis d'accord avec toi. Mais ma mère dit toujours qu'il est important d'apprendre l'allemand parce que l'Allemagne est notre pays voisin. Et puis, nous vivons en Europe et alors, il faut parler plusieurs langues européennes.)
B: Gib der Mutter Recht und erkläre, dass beide Länder im Bereich der Wirtschaft viel zusammenarbeiten. Das wird vielleicht für eure berufliche Zukunft wichtig sein. *(coopérer – le domaine de l'économie – l'avenir professionnel)*
(A: Peut-être. Ce que j'aime, c'est qu'on apprend beaucoup sur la culture.)
B: Stimme A zu, aber du denkst trotzdem, dass Englisch die nützlichste Sprache ist. *(quand même – la langue la plus utile)*

Illustration: Cornelsen Schulverlage / Laurent Lalo

Module B **A**

C'est utile d'apprendre les langues étrangères?

Tu es un/e jeune Français/e. Pendant ton échange, tu parles avec un/e jeune Allemand/e (B) de ce que vous pensez de l'apprentissage de la langue étrangère. Tu commences.

A: Frage B, ob er/sie Französisch leicht findet.

B: ...

A: Verneine, denn du findest es etwas schwierig. Sage, dass du es aber vorziehst, mit B Deutsch zu sprechen und nicht im Unterricht, weil das natürlicher ist. Frage B, ob er/sie es nützlich findet, Französisch in der Schule zu lernen.

B: ...

A: Stimme entschieden dem letzten Satz zu. Füge hinzu, dass deine Mutter immer sagt, dass es wichtig ist, Deutsch zu lernen, weil Deutschland euer Nachbarland ist, Außerdem leben wir in Europa und man muss also mehrere europäische Sprachen sprechen.

B: ...

A: Mildere Bs Einschätzung etwas ab. Was du magst, ist, dass man viel über die Kultur lernt.

B: ...

Illustration: Cornelsen Schulverlage / Laurent Lalo

Module B **B**

C'est utile d'apprendre les langues étrangères?

Pendant ton échange, tu parles avec un/e jeune Français/e (A) de ce que vous pensez de l'apprentissage de la langue étrangère. A commence.

A: ...

B: Sage, dass es geht, dass es aber eine schöne Sprache ist. Frage A, ob Deutsch für sie/ihn leicht ist.

A: ...

B: Bejahe und erkläre, dass du es für einen Austausch nützlich findest und dass es viele frankophone Länder in der Welt gibt. Andererseits sprechen alle Englisch.

A: ...

B: Gib der Mutter Recht und erkläre, dass beide Länder im Bereich der Wirtschaft viel zusammenarbeiten. Das wird vielleicht für eure berufliche Zukunft wichtig sein.

A: ...

B: Stimme A zu, aber du denkst trotzdem, dass Englisch die nützlichste Sprache ist.

Illustration: Cornelsen Schulverlage / Laurent Lalo

C'est utile d'apprendre les langues étrangères?

Tu es un/e jeune Français/e. Pendant ton échange, tu parles avec un/e jeune Allemand/e (B) de ce que vous pensez de l'apprentissage de la langue étrangère. Tu commences.

A: Frage B, ob er/sie Französisch leicht findet.
(B: Ça va, mais c'est une belle langue. Et pour toi, l'allemand c'est facile?)
A: Verneine, denn du findest es etwas schwierig. Sage, dass du es aber vorziehst, mit B Deutsch zu sprechen und nicht im Unterricht, weil das natürlicher ist. Frage B, ob er/sie es nützlich findet, Französisch in der Schule zu lernen.
(B: Oui, c'est utile pour faire un échange et parce que dans le monde, il y a beaucoup de pays francophones. Par contre, tout le monde parle anglais.)
A: Stimme entschieden dem letzten Satz zu. Füge hinzu, dass deine Mutter immer sagt, dass es wichtig ist, Deutsch zu lernen, weil Deutschland euer Nachbarland ist. Außerdem leben wir in Europa und man muss also mehrere europäische Sprachen sprechen.
(B: Elle a raison, les deux pays coopèrent beaucoup dans le domaine de l'économie. Et ça sera peut-être important pour notre avenir professionnel.)
A: Mildere Bs Einschätzung etwas ab. Was du magst, ist, dass man viel über die Kultur lernt.
(B: Tu as raison. Mais je pense quand même que l'anglais est la langue la plus utile.)

Illustration: Cornelsen Schulverlage / Laurent Lalo

C'est utile d'apprendre les langues étrangères?

Pendant ton échange, tu parles avec un/e jeune Français/e (A) de ce que vous pensez de l'apprentissage de la langue étrangère. A commence.

(A: Tu trouves que c'est facile, le français?)
B: Sage, dass es geht, dass es aber eine schöne Sprache ist. Frage A, ob Deutsch für sie/ihn leicht ist.
(A: Non, c'est un peu compliqué pour moi. Mais je préfère parler allemand avec toi et pas en cours parce que c'est plus naturel. Est-ce que tu trouves que c'est utile d'apprendre le français à l'école?)
B: Bejahe und erkläre, dass du es für einen Austausch nützlich findest und dass es viele frankophone Länder in der Welt gibt. Andererseits sprechen alle Englisch.
(A: Là, je suis d'accord avec toi. Mais ma mère dit toujours qu'il est important d'apprendre l'allemand parce que l'Allemagne est notre pays voisin. Et puis, nous vivons en Europe et alors, il faut parler plusieurs langues européennes.)
B: Gib der Mutter Recht und erkläre, dass beide Länder im Bereich der Wirtschaft viel zusammenarbeiten. Das wird vielleicht für eure berufliche Zukunft wichtig sein.
(A: Peut-être. Ce que j'aime, c'est qu'on apprend beaucoup sur la culture.)
B: Stimme A zu, du denkst trotzdem, dass Englisch die nützlichste Sprache ist.

Illustration: Cornelsen Schulverlage / Laurent Lalo

Module C **A**

La pub

Tu veux regarder la télé avec ton frère / ta sœur (B). Vous discutez de ce que vous voulez regarder. Pendant cette discussion, vous parlez de la publicité à la télé. Tu commences.

A: Frage B, was ihr heute Abend im Fernsehen anschauen wollt und schlage vor, einen Film anzuschauen. *(ce soir)*
B: …
A: Bitte A, zuzuhören. Sage energisch, dass Werbung wichtig ist. Die Unternehmen bezahlen dafür und so muss man nichts bezahlen, um einen Film anzuschauen. Füge hinzu, dass du außerdem gerne neue Produkte siehst, die es gibt. *(les entreprises – payer pour faire qc – un produit – exister)*
B: …
A: Widerspreche B und sage, dass die Werbung uns wichtige Informationen gibt. Füge hinzu, dass B außerdem intelligent genug ist, um zu verstehen, wann Werbung uns manipuliert. Erkläre, dass du gerne Werbung entschlüsselst. *(être assez intelligent/e pour faire qc – manipuler qn – décoder qc)*
B: …
A: Brich die Diskussion freundlich ab und schlage vor, einen Film auf DVD zu schauen. *(un film en DVD)*
B: …

Illustration: Cornelsen Schulverlage / Laurent Lalo

Module C **B**

La pub

Tu veux regarder la télé avec ton frère / ta sœur (A). Vous discutez de ce que vous voulez regarder. Pendant cette discussion, vous parlez de la publicité à la télé. A commence.

A: …
B: Lehne das entschieden ab, weil in Filmen zu viel Werbung ist und du das hasst. Sage, dass man einen Film in einem Zug sehen muss. *(trop de – voir en une fois)*
A: …
B: Entgegne energisch, dass die Werbung uns belügt und dass sie alles tut, um den Käufer zu überzeugen. Füge hinzu, dass sie sogar falsche Labels benutzt und so andeutet, dass ein Produkt genial ist, obwohl man nichts über das Produkt erfährt. *(mentir à qn – convaincre les consommateurs – des faux labels – suggérer qc)*
A: …
B: Wende ein, dass man nicht immer sieht, dass sie uns manipuliert. Sage, dass sie oft schöne Bilder, einfache oder lustige Slogans oder eine gute Stimmung benutzen, um uns zu überzeugen. Wenn du Informationen über ein Produkt haben willst, suchst du sie im Internet und nicht während eines Films. *(manipuler qn – des slogans simples – une ambiance – sur Internet)*
A: …
B: Sage, dass das eine gute Idee ist.

Illustration: Cornelsen Schulverlage / Laurent Lalo

Module C mit Lösungen **A**

La pub

Tu veux regarder la télé avec ton frère / ta sœur (B). Vous discutez de ce que vous voulez regarder. Pendant cette discussion, vous parlez de la publicité à la télé. Tu commences.

A: Frage B, was ihr heute Abend im Fernsehen anschauen wollt und schlage vor, einen Film anzuschauen. *(ce soir)*
(B: Ah non, il y a trop de publicité pendant le film. Je déteste ça. Un film, il faut le voir en une fois.)
A: Bitte A, zuzuhören. Sage energisch, dass Werbung wichtig ist. Die Unternehmen bezahlen dafür und so muss man nichts bezahlen, um einen Film anzuschauen. Füge hinzu, dass du außerdem gerne neue Produkte siehst, die es gibt. *(les entreprises – payer pour faire qc – un produit – exister)*
(B: Mais la pub nous ment! Elle fait tout pour convaincre les consommateurs! Elle utilise même des faux labels et suggère qu'un produit est génial, mais souvent on n'apprend rien sur ce produit.)
A: Widerspreche B und sage, dass die Werbung uns wichtige Informationen gibt. Füge hinzu, dass B außerdem intelligent genug ist, um zu verstehen, wann Werbung uns manipuliert. Erkläre, dass du gerne Werbung entschlüsselst. *(être assez intelligent/e pour faire qc – manipuler qn – décoder qc)*
(B: Mais ça ne se voit pas toujours qu'elle nous manipule. Ils utilisent des belles images, des slogans faciles ou drôles, une bonne ambiance pour nous convaincre. Quand je veux avoir des informations sur un produit, je les cherche sur Internet, et pas pendant un film.)
A: Brich die Diskussion freundlich ab und schlage vor, einen Film auf DVD zu schauen. *(un film en DVD)*
(B: Bonne idée.)

Illustration: Cornelsen Schulverlage / Laurent Lalo

Module C mit Lösungen **B**

La pub

Tu veux regarder la télé avec ton frère / ta sœur (A). Vous discutez de ce que vous voulez regarder. Pendant cette discussion, vous parlez de la publicité à la télé. A commence.

(A: Qu'est-ce qu'on regarde ce soir à la télé? Un film?)
B: Lehne das entschieden ab, weil in Filmen zu viel Werbung ist und du das hasst. Sage, dass man einen Film in einem Zug sehen muss. *(trop de – voir en une fois)*
(A: Écoute, la publicité est importante. Les entreprises donnent de l'argent et comme ça, il ne faut pas payer pour regarder un film. En plus, j'aime bien voir les nouveaux produits qui existent.)
B: Entgegne energisch, dass die Werbung uns belügt und dass sie alles tut, um den Käufer zu überzeugen. Füge hinzu, dass sie sogar falsche Labels benutzt und so andeutet, dass ein Produkt genial ist, obwohl man nichts über das Produkt erfährt. *(mentir à qn – convaincre les consommateurs – des faux labels – suggérer qc)*
(A: Ce n'est pas vrai. Elle nous donne des informations importantes. En plus, tu es assez intelligent/e pour comprendre quand elle nous manipule. J'aime bien décoder la publicité.)
B: Wende ein, dass man nicht immer sieht, dass sie uns manipuliert. Sage, dass sie oft schöne Bilder, einfache oder lustige Slogans oder eine gute Stimmung benutzen, um uns zu überzeugen. Wenn du Informationen über ein Produkt haben willst, suchst du sie im Internet und nicht während eines Films.
(manipuler qn – des slogans simples – une ambiance – sur Internet)
(A: D'accord, j'ai compris. On regarde alors un film en DVD?)
B: Sage, dass das eine gute Idee ist.

Illustration: Cornelsen Schulverlage / Laurent Lalo

Module C **A**

La pub

Tu veux regarder la télé avec ton frère / ta sœur (B). Vous discutez de ce que vous voulez regarder. Pendant cette discussion, vous parlez de la publicité à la télé. Tu commences.

A: Frage B, was ihr heute Abend im Fernsehen anschauen wollt und schlage vor, einen Film anzuschauen.
B: ...
A: Bitte A, zuzuhören. Sage energisch, dass Werbung wichtig ist. Die Unternehmen bezahlen dafür und so muss man nichts bezahlen, um einen Film anzuschauen. Füge hinzu, dass du außerdem gerne neue Produkte siehst, die es gibt.
B: ...
A: Widerspreche B und sage, dass die Werbung uns wichtige Informationen gibt. Füge hinzu, dass B außerdem intelligent genug ist, um zu verstehen, wann Werbung uns manipuliert. Erkläre, dass du gerne Werbung entschlüsselst.
B: ...
A: Brich die Diskussion freundlich ab und schlage vor, einen Film auf DVD zu schauen.
B: ...

Illustration: Cornelsen Schulverlage / Laurent Lalo

Module C **B**

La pub

Tu veux regarder la télé avec ton frère / ta sœur (A). Vous discutez de ce que vous voulez regarder. Pendant cette discussion, vous parlez de la publicité à la télé. A commence.

A: ...
B: Lehne das entschieden ab, weil in Filmen zu viel Werbung ist und du das hasst. Sage, dass man einen Film in einem Zug sehen muss.
A: ...
B: Entgegne energisch, dass die Werbung uns belügt und dass sie alles tut, um den Käufer zu überzeugen. Füge hinzu, dass sie sogar falsche Labels benutzt und so andeutet, dass ein Produkt genial ist, obwohl man nichts über das Produkt erfährt.
A: ...
B: Wende ein, dass man nicht immer sieht, dass sie uns manipuliert. Sage, dass sie oft schöne Bilder, einfache oder lustige Slogans oder eine gute Stimmung benutzen, um uns zu überzeugen. Wenn du Informationen über ein Produkt haben willst, suchst du sie im Internet und nicht während eines Films.
A: ...
B: Sage, dass das eine gute Idee ist.

Illustration: Cornelsen Schulverlage / Laurent Lalo

Module C mit Lösungen **A**

La pub

Tu veux regarder la télé avec ton frère / ta sœur (B). Vous discutez de ce que vous voulez regarder. Pendant cette discussion, vous parlez de la publicité à la télé. Tu commences.

A: Frage B, was ihr heute Abend im Fernsehen anschauen wollt und schlage vor, einen Film anzuschauen.
(B: Ah non, il y a trop de publicité pendant le film. Je déteste ça. Un film, il faut le voir en une fois.)
A: Bitte A, zuzuhören. Sage energisch, dass Werbung wichtig ist. Die Unternehmen bezahlen dafür und so muss man nichts bezahlen, um einen Film anzuschauen. Füge hinzu, dass du außerdem gerne neue Produkte siehst, die es gibt.
(B: Mais la pub nous ment! Elle fait tout pour convaincre les consommateurs! Elle utilise même des faux labels et suggère qu'un produit est génial, mais souvent on n'apprend rien sur ce produit.)
A: Widerspreche B und sage, dass die Werbung uns wichtige Informationen gibt. Füge hinzu, dass B außerdem intelligent genug ist, um zu verstehen, wann Werbung uns manipuliert. Erkläre, dass du gerne Werbung entschlüsselst.
(B: Mais ça ne se voit pas toujours qu'elle nous manipule. Ils utilisent des belles images, des slogans faciles ou drôles, une bonne ambiance pour nous convaincre. Quand je veux avoir des informations sur un produit, je les cherche sur Internet, et pas pendant un film.)
A: Brich die Diskussion freundlich ab und schlage vor, einen Film auf DVD zu schauen.
(B: Bonne idée.)

Illustration: Cornelsen Schulverlage / Laurent Lalo

Module C mit Lösungen **B**

La pub

Tu veux regarder la télé avec ton frère / ta sœur (A). Vous discutez de ce que vous voulez regarder. Pendant cette discussion, vous parlez de la publicité à la télé. A commence.

(A: Qu'est-ce qu'on regarde ce soir à la télé? Un film?)
B: Lehne das entschieden ab, weil in Filmen zu viel Werbung ist und du das hasst. Sage, dass man einen Film in einem Zug sehen muss.
(A: Écoute, la publicité est importante. Les entreprises donnent de l'argent et comme ça, il ne faut pas payer pour regarder un film. En plus, j'aime bien voir les nouveaux produits qui existent.)
B: Entgegne energisch, dass die Werbung uns belügt und dass sie alles tut, um den Käufer zu überzeugen. Füge hinzu, dass sie sogar falsche Labels benutzt und so andeutet, dass ein Produkt genial ist, obwohl man nichts über das Produkt erfährt.
(A: Ce n'est pas vrai. Elle nous donne des informations importantes. En plus, tu es assez intelligent/e pour comprendre quand elle nous manipule. J'aime bien décoder la publicité.)
B: Wende ein, dass man nicht immer sieht, dass sie uns manipuliert. Sage, dass sie oft schöne Bilder, einfache oder lustige Slogans oder eine gute Stimmung benutzen, um uns zu überzeugen. Wenn du Informationen über ein Produkt haben willst, suchst du sie im Internet und nicht während eines Films.
(A: D'accord, j'ai compris. On regarde alors un film en DVD?)
B: Sage, dass das eine gute Idee ist.

Illustration: Cornelsen Schulverlage / Laurent Lalo

Module D **A**

On part en vacances ensemble!

Tu veux partir en vacances avec un/e ami/e. Vous discutez de ce que vous voulez faire. Tu commences.

A: Du freust dich: Du sagst, dass deine Eltern einverstanden sind und ihr zusammen in den Urlaub fahren könnt. Frage B, wo er/sie gerne hinfahren möchte. *(partir en vacances)*

B: …

A: Sage, dass du dich auch gerne sonnen möchtest, aber dass du auch gerne in der Natur bist und Landschaften erkundest. Du magst gerne Aktivitäten wie Rafting oder Surfen. *(bronzer – découvrir des paysages)*

B: …

A: Stimme für Frankreich. Erkläre, dass deine Eltern wollen, dass du in Frankreich bleibst. Sie hätten zu viel Angst vor Problemen in anderen Ländern. Verschaffe dir kurz Zeit zum Überlegen und schlage dann vor, in die Aquitaine zu fahren, weil es dort Meer und schöne Strände gibt. *(rester en France – ils auraient trop peur de qc – laisse-moi réfléchir)*

B: …

A: Antworte, dass du dort surfen könntest. Der Ozean ist der ideale Ort dafür. Außerdem interessiert dich auch die Dune du Pilat**. Sage, dass ihr alles machen könntet, was ihr wollt: Strand, Natur und Sport.** *(l'océan – l'endroit idéal – faire tout ce qu'on veut)*

B: …

A: Sage, dass du die Idee gut findest und schlage vor loszulegen. *(on y va)*

B: …

Illustration: Cornelsen Schulverlage / Laurent Lalo

Module D **B**

On part en vacances ensemble!

Tu veux partir en vacances avec un/e ami/e. Vous discutez de ce que vous voulez faire. A commence.

A: …

B: Antworte, dass du gerne an die Meeresküste fahren möchtest, weil du gerne zum Strand gehen und oft baden möchtest. Füge hinzu, dass man dort außerdem viele nette Leute treffen kann. *(aller au bord de – se baigner – y rencontrer qn)*

A: …

B: Du fragst ungläubig nach, ob A während des Urlaubs Sport machen möchte. Sage, dass das nicht dein Ding ist. Füge hinzu, dass Spaziergänge in Ordnung wären. Wechsle das Thema und frage, ob A Frankreich oder ein anderes Land vorzieht. *(Ce n'est pas mon truc – des balades – d'ailleurs)*

A: …

B: Sage, dass dir das sehr gefallen würde, weil du den Ozean magst und die Dune du Pilat **noch nicht gesehen hast. Man sagt, dass sie wunderschön sein soll. Wende ein, dass A ja Sport machen möchte und frage ihn/sie, was er/sie dort machen könnte.** *(l'océan – magnifique – y faire qc)*

A: …

B: Das gefällt dir sehr. Schlage vor, einen Campingplatz an der Küste zu suchen. *(un camping – au bord de)*

A: …

B: Du bist einverstanden.

Illustration: Cornelsen Schulverlage / Laurent Lalo

Module D mit Lösungen — A

On part en vacances ensemble!

Tu veux partir en vacances avec un/e ami/e. Vous discutez de ce que vous voulez faire. Tu commences.

A: Du freust dich: Du sagst, dass deine Eltern einverstanden sind und ihr zusammen in den Urlaub fahren könnt. Frage B, wo er/sie gerne hinfahren möchte. *(partir en vacances)*
(B: J'aimerais aller au bord de la mer parce que je voudrais aller à la plage et me baigner souvent. Et en plus, on peut y rencontrer beaucoup de gens sympa.)
A: Sage, dass du dich auch gerne sonnen möchtest, aber dass du auch gerne in der Natur bist und Landschaften erkundest. Du magst gerne Aktivitäten wie Rafting oder Surfen. *(bronzer – découvrir des paysages)*
(B: Du sport pendant les vacances? Ce n'est pas mon truc. Mais des balades, ça irait. D'ailleurs, tu préfères la France ou un autre pays?)
A: Stimme für Frankreich. Erkläre, dass deine Eltern wollen, dass du in Frankreich bleibst. Sie hätten zu viel Angst vor Problemen in anderen Ländern. Verschaffe dir kurz Zeit zum Überlegen und schlage dann vor, in die Aquitaine zu fahren, weil es dort Meer und schöne Strände gibt. *(rester en France – ils auraient trop peur de qc – laisse-moi réfléchir)*
(B: Ça me plairait beaucoup. J'aime bien l'océan et je n'ai pas encore vu la dune du Pilat. On dit qu'elle est magnifique. Mais toi, tu voudrais faire du sport. Qu'est-ce que tu pourrais y faire?)
A: Antworte, dass du dort surfen könntest. Der Ozean ist der ideale Ort dafür. Außerdem interessiert dich auch die Dune du Pilat. Sage, dass ihr alles machen könntet, was ihr wollt: Strand, Natur und Sport. *(l'océan – l'endroit idéal – faire tout ce qu'on veut)*
(B: Super! On cherche alors un camping au bord de la mer?)
A: Sage, dass du die Idee gut findest und schlage vor loszulegen. *(on y va)*
(B: On y va.)

Illustration: Cornelsen Schulverlage / Laurent Lalo

Module D mit Lösungen — B

On part en vacances ensemble!

Tu veux partir en vacances avec un/e ami/e. Vous discutez de ce que vous voulez faire. A commence.

(A: C'est génial! Mes parents sont d'accord! On peut partir en vacances ensemble. Où est-ce que tu aimerais aller?)
B: Antworte, dass du gerne an die Meeresküste fahren möchtest, weil du gerne zum Strand gehen und oft baden möchtest. Füge hinzu, dass man dort außerdem viele nette Leute treffen kann. *(aller au bord de – se baigner – y rencontrer qn)*
(A: Moi aussi, j'aimerais bronzer, mais j'aime aussi être dans la nature et découvrir des paysages. J'aime bien faire des activités comme le rafting ou le surf.)
B: Du fragst ungläubig nach, ob A während des Urlaubs Sport machen möchte. Sage, dass das nicht dein Ding ist. Füge hinzu, dass Spaziergänge in Ordnung wären. Wechsle das Thema und frage, ob A Frankreich oder ein anderes Land vorzieht. *(Ce n'est pas mon truc – des balades – d'ailleurs)*
(A: La France. Mes parents veulent que je reste en France. Ils auraient trop peur des problèmes dans d'autres pays. Laisse-moi réfléchir: on pourrait peut-être aller en Aquitaine. Là-bas, il y a la mer et de belles plages.)
B: Sage, dass dir das sehr gefallen würde, weil du den Ozean magst und die Dune du Pilat noch nicht gesehen hast. Man sagt, dass sie wunderschön sein soll. Wende ein, dass A ja Sport machen möchte und frage ihn/sie, was er/sie dort machen könnte. *(l'océan – magnifique – y faire qc)*
(A: Du surf. L'océan est l'endroit idéal pour faire cela. Et la dune du Pilat m'intéresse aussi. Comme ça, on pourrait faire tout ce qu'on veut: la plage, la nature et du sport.)
B: Das gefällt dir sehr. Schlage vor, einen Campingplatz an der Küste zu suchen. *(un camping – au bord de)*
(A: Bonne idée. On y va?)
B: Du bist einverstanden.

Illustration: Cornelsen Schulverlage / Laurent Lalo

Module D

A

On part en vacances ensemble!

Tu veux partir en vacances avec un/e ami/e. Vous discutez de ce que vous voulez faire. Tu commences.

A: Du freust dich: Du sagst, dass deine Eltern einverstanden sind und ihr zusammen in den Urlaub fahren könnt. Frage B, wo er/sie gerne hinfahren möchte.

B: ...

A: Sage, dass du dich auch gerne sonnen möchtest, aber dass du auch gerne in der Natur bist und Landschaften erkundest. Du magst gerne Aktivitäten wie Rafting oder Surfen.

B: ...

A: Stimme für Frankreich. Erkläre, dass deine Eltern wollen, dass du in Frankreich bleibst. Sie hätten zu viel Angst vor Problemen in anderen Ländern. Verschaffe dir kurz Zeit zum Überlegen und schlage dann vor, in die Aquitaine zu fahren, weil es dort Meer und schöne Strände gibt.

B: ...

A: Antworte, dass du dort surfen könntest. Der Ozean ist der ideale Ort dafür. Außerdem interessiert dich auch die Dune du Pilat**. Sage, dass ihr alles machen könntet, was ihr wollt: Strand, Natur und Sport.**

B: ...

A: Sage, dass du die Idee gut findest und schlage vor loszulegen.

B: ...

Illustration: Cornelsen Schulverlage / Laurent Lalo

Module D

B

On part en vacances ensemble!

Tu veux partir en vacances avec un/e ami/e. Vous discutez de ce que vous voulez faire. A commence.

A: ...

B: Antworte, dass du gerne an die Meeresküste gehen möchtest, weil du gerne zum Strand gehen und oft baden möchtest. Füge hinzu, dass man dort außerdem viele nette Leute treffen kann.

A: ...

B: Du fragst ungläubig nach, ob A während des Urlaubs Sport machen möchte. Sage, dass das nicht dein Ding ist. Füge hinzu, dass Spaziergänge in Ordnung wären. Wechsle das Thema und frage, ob A Frankreich oder ein anderes Land vorzieht.

A: ...

B: Sage, dass dir das sehr gefallen würde, weil du den Ozean magst und die Dune du Pilat **noch nicht gesehen hast. Man sagt, dass sie wunderschön sein soll. Wende ein, dass A ja Sport machen möchte und frage ihn/sie, was er/sie dort machen könnte.**

A: ...

B: Das gefällt dir sehr. Schlage vor, einen Campingplatz an der Küste zu suchen.

A: ...

B: Du bist einverstanden.

Illustration: Cornelsen Schulverlage / Laurent Lalo

Module D mit Lösungen **A**

On part en vacances ensemble!

Tu veux partir en vacances avec un/e ami/e. Vous discutez de ce que vous voulez faire. Tu commences.

A: Du freust dich: Du sagst, dass deine Eltern einverstanden sind und ihr zusammen in den Urlaub fahren könnt. Frage B, wo er/sie gerne hinfahren möchte.

(B: J'aimerais aller au bord de la mer parce que je voudrais aller à la plage et me baigner souvent. Et en plus, on peut y rencontrer beaucoup de gens sympa.)

A: Sage, dass du dich auch gerne sonnen möchtest, aber dass du auch gerne in der Natur bist und Landschaften erkundest. Du magst gerne Aktivitäten wie Rafting oder Surfen.

(B: Du sport pendant les vacances? Ce n'est pas mon truc. Mais des balades, ça irait. D'ailleurs, tu préfères la France ou un autre pays?)

A: Stimme für Frankreich. Erkläre, dass deine Eltern wollen, dass du in Frankreich bleibst. Sie hätten zu viel Angst vor Problemen in anderen Ländern. Verschaffe dir kurz Zeit zum Überlegen und schlage dann vor, in die Aquitaine zu fahren, weil es dort Meer und schöne Strände gibt.

(B: Ça me plairait beaucoup. J'aime bien l'océan et je n'ai pas encore vu la dune du Pilat. On dit qu'elle est magnifique. Mais toi, tu voudrais faire du sport. Qu'est-ce que tu pourrais y faire?)

A: Antworte, dass du dort surfen könntest. Der Ozean ist der ideale Ort dafür. Außerdem interessiert dich auch die Dune du Pilat. Sage, dass ihr alles machen könntet, was ihr wollt: Strand, Natur und Sport.

(B: Super! On cherche alors un camping au bord de la mer?)

A: Sage, dass du die Idee gut findest und schlage vor loszulegen.

(B: On y va.)

Illustration: Cornelsen Schulverlage / Laurent Lalo

Module D mit Lösungen **B**

On part en vacances ensemble!

Tu veux partir en vacances avec un/e ami/e. Vous discutez de ce que vous voulez faire. A commence.

(A: C'est génial! Mes parents sont d'accord! On peut partir en vacances ensemble. Où est-ce que tu aimerais aller?)

B: Antworte, dass du gerne an die Meeresküste fahren möchtest, weil du gerne zum Strand gehen und oft baden möchtest. Füge hinzu, dass man dort außerdem viele nette Leute treffen kann.

(A: Moi aussi, j'aimerais bronzer, mais j'aime aussi être dans la nature et découvrir des paysages. J'aime bien faire des activités comme le rafting ou le surf.)

B: Du fragst ungläubig nach, ob A während des Urlaubs Sport machen möchte. Sage, dass das nicht dein Ding ist. Füge hinzu, dass Spaziergänge in Ordnung wären. Wechsle das Thema und frage, ob A Frankreich oder ein anderes Land vorzieht.

(A: La France. Mes parents veulent que je reste en France. Ils auraient trop peur des problèmes dans d'autres pays. Laisse-moi réfléchir: on pourrait peut-être aller en Aquitaine. Là-bas, il y a la mer et de belles plages.)

B: Sage, dass dir das sehr gefallen würde, weil du den Ozean magst und die Dune du Pilat noch nicht gesehen hast. Man sagt, dass sie wunderschön sein soll. Wende ein, dass A ja Sport machen möchte und frage ihn/sie, was er/sie dort machen könnte.

(A: Du surf. L'océan est l'endroit idéal pour faire cela. Et la dune du Pilat m'intéresse aussi. Comme ça, on pourrait faire tout ce qu'on veut: la plage, la nature et du sport.)

B: Das gefällt dir sehr. Schlage vor, einen Campingplatz an der Küste zu suchen.

(A: Bonne idée. On y va?)

B: Du bist einverstanden.

Illustration: Cornelsen Schulverlage / Laurent Lalo

○ Module E **A**

Détruisons les préjugés!

À la cantine, tu parles avec un/e camarade de classe parce que tu as lu un article sur les préjugés racistes. Tu veux savoir ce qu'il/elle pense à propos de cela parce que tu crois que vous allez aussi en parler en cours.
Tu commences.

A: Frage B, ob er/sie Zeitung gelesen hat. Dort stand ein Artikel über rassistische Äußerungen gegenüber Einwanderern. Sage, dass das unglaublich ist und dass euer Lehrer darüber sicher im Unterricht mit euch reden wird. *(les propos racistes – les immigrés – incroyable – en parler en cours)*

B: …

A: Stimme B zu. Berichte, dass du wütend gewesen bist, nachdem du einmal mit deiner Oma gesprochen hast, weil sie nicht verstanden hat, dass Einwanderer oft schon die französische Staatsbürgerschaft haben. Erkläre, dass sie immer von „Arabern" spricht und dass sie viele Vorurteile hat, obwohl sie keine Einwanderer kennt. *(après avoir fait qc – furieux/-euse – la nationalité – un préjugé)*

B: …

A: Stimme B zu. Sage, dass du es wichtig findest, über Unterschiede und auch über Probleme zu sprechen. So kann man Vorurteile zerstören. *(trouver important que (+ subj.) – la différence – détruire les préjugés)*

B: …

A: Sage, dass man sich über alles lustig machen kann, was anders ist, aber dass das nicht richtig ist. *(se moquer de qc – être juste)*

B: …

A: Stimme zu.

Illustration: Cornelsen Schulverlage / Laurent Lalo

○ Module E **B**

Détruisons les préjugés!

À la cantine, tu parles avec un/e camarade de classe parce qu'il/elle a lu un article sur les préjugés racistes. Il/Elle croit que le prof va en parler en cours.
A commence.

A: …

B: Stimme zu und ergänze, dass du die Leute nicht verstehen kannst, die die Einwanderer zurückweisen. Sage, dass sie alle Vorurteile haben. *(les gens – rejeter qn – des préjugés)*

A: …

B: Sage A, dass du oft sagst, wenn du so etwas hörst: „Wusstest du eigentlich schon, dass die Weißen nicht tanzen können?" Das ist wirklich Quatsch. Du denkst, dass man tolerant sein muss und dass die Vielfalt schön ist. *(entendre qc – savoir faire qc – n'importe quoi – être tolérant/e – la diversité)*

A: …

B: Sage, dass man dafür Leute treffen und mit ihnen reden muss. Sage, dass wir alle unterschiedlich sind. *(pour cela – parler avec eux – différent/e)*

A: …

B: Sage, dass das ein schöner Satz ist, den ihr im Unterricht sagen könnt, weil der Lehrer dann glücklich ist. Du bemerkst, dass es klingelt und fragst A, ob ihr losgeht. *(une belle phrase – en cours – être content – sonner)*

A: …

Illustration: Cornelsen Schulverlage / Laurent Lalo

Module E mit Lösungen — A

Détruisons les préjugés!

**À la cantine, tu parles avec un/e camarade de classe parce que tu as lu un article sur les préjugés racistes. Tu veux savoir ce qu'il/elle pense à propos de cela parce que tu crois que vous allez aussi en parler en cours.
Tu commences.**

A: Frage B, ob er/sie Zeitung gelesen hat. Dort stand ein Artikel über rassistische Äußerungen gegenüber Einwanderern. Sage, dass das unglaublich ist und dass euer Lehrer darüber sicher im Unterricht mit euch reden wird. *(les propos racistes – les immigrés – incroyable – en parler en cours)*
(B: Oui, tu as raison! Je ne comprends pas ces gens qui rejettent les immigrés. Ils ont tous des préjugés!)
A: Stimme B zu. Berichte, dass du wütend gewesen bist, nachdem du einmal mit deiner Oma gesprochen hast, weil sie nicht verstanden hat, dass Einwanderer oft schon die französische Staatsbürgerschaft haben. Erkläre, dass sie immer von „Arabern" spricht und dass sie viele Vorurteile hat, obwohl sie keine Einwanderer kennt. *(après avoir fait qc – furieux/-euse – la nationalité – un préjugé)*
(B: Quand j'entends ça, je dis souvent: « Et toi, tu savais que les blancs ne savent pas danser? ». C'est vraiment n'importe quoi! Je pense qu'il faut être tolérant. La diversité est si belle!)
A: Stimme B zu. Sage, dass du es wichtig findest, über Unterschiede und auch über Probleme zu sprechen. So kann man Vorurteile zerstören. *(trouver important que (+ subj.) – la différence – détruire les préjugés)*
(B: Et pour cela, il faut rencontrer les gens et parler avec eux. Tu sais, nous sommes tous différents.)
A: Sage, dass man sich über alles lustig machen kann, was anders ist, aber dass das nicht richtig ist. *(se moquer de qc – être juste)*
(B: C'est une belle phrase. On peut la dire en cours – le prof va être content! Ça sonne. On y va?)
A: Stimme zu.

Illustration: Cornelsen Schulverlage / Laurent Lalo

Module E mit Lösungen — B

Détruisons les préjugés!

**À la cantine, tu parles avec un/e camarade de classe parce qu'il/elle a lu un article sur les préjugés racistes. Il/Elle croit que le prof va en parler en cours.
A commence.**

(A: Tu as lu le journal hier? Il y avait un article sur les propos racistes contre les immigrés. C'est incroyable! Notre prof va en parler en cours, c'est sûr.)
B: Stimme zu und ergänze, dass du die Leute nicht verstehen kannst, die die Einwanderer zurückweisen. Sage, dass sie alle Vorurteile haben. *(les gens – rejeter qn – des préjugés)*
(A: C'est ça. Après avoir parlé à ma grand-mère un jour, j'étais furieux/-euse parce qu'elle n'a pas compris que les immigrés ont souvent la nationalité française maintenant. Elle parle toujours des « Arabes » et a beaucoup de préjugés, mais elle ne connaît pas d'immigrés.)
B: Sage A, dass du oft sagst, wenn du so etwas hörst: „Wusstest du eigentlich schon, dass die Weißen nicht tanzen können?" Das ist wirklich Quatsch. Du denkst, dass man tolerant sein muss und dass die Vielfalt schön ist.
(entendre qc – savoir faire qc – n'importe quoi – être tolérant/e – la diversité)
(A: C'est vrai. Mais je trouve important qu'on parle des différences et aussi des problèmes. Comme ça, on peut détruire les préjugés.)
B: Sage, dass man dafür Leute treffen und mit ihnen reden muss. Sage, dass wir alle unterschiedlich sind. *(pour cela – parler avec eux – différent/e)*
(A: Et on peut se moquer de tout ce qui est différent, mais ce n'est pas juste.)
B: Sage, dass das ein schöner Satz ist, den ihr im Unterricht sagen könnt, weil der Lehrer dann glücklich ist. Du bemerkst, dass es klingelt und fragst A, ob ihr losgeht. *(une belle phrase – en cours – être content – sonner)*
(A: On y va!)

Illustration: Cornelsen Schulverlage / Laurent Lalo

Module E

A

Détruisons les préjugés!

À la cantine, tu parles avec un/e camarade de classe parce que tu as lu un article sur les préjugés racistes. Tu veux savoir ce qu'il/elle pense à propos de cela parce que tu crois que vous allez aussi en parler en cours.
Tu commences.

A: Frage B, ob er/sie Zeitung gelesen hat. Dort stand ein Artikel über rassistische Äußerungen gegenüber Einwanderern. Sage, dass das unglaublich ist und dass euer Lehrer darüber sicher im Unterricht mit euch reden wird.

B: …

A: Stimme B zu. Berichte, dass du wütend gewesen bist, nachdem du einmal mit deiner Oma gesprochen hast, weil sie nicht verstanden hat, dass Einwanderer oft schon die französische Staatsbürgerschaft haben. Erkläre, dass sie immer von „Arabern" spricht und dass sie viele Vorurteile hat, obwohl sie keine Einwanderer kennt.

B: …

A: Stimme B zu. Sage, dass du es wichtig findest, über Unterschiede und auch über Probleme zu sprechen. So kann man Vorurteile zerstören.

B: …

A: Sage, dass man sich über alles lustig machen kann, was anders ist, aber dass das nicht richtig ist.

B: …

A: Stimme zu.

Illustration: Cornelsen Schulverlage / Laurent Lalo

Module E

B

Détruisons les préjugés!

À la cantine, tu parles avec un/e camarade de classe parce qu'il /elle a lu un article sur les préjugés racistes. Il/Elle croit que le prof va en parler en cours.
A commence.

A: …

B: Stimme zu und ergänze, dass du die Leute nicht verstehen kannst, die die Einwanderer zurückweisen. Sage, dass sie alle Vorurteile haben.

A: …

B: Sage A, dass du oft sagst, wenn du so etwas hörst: „Wusstest du eigentlich schon, dass die Weißen nicht tanzen können?" Das ist wirklich Quatsch. Du denkst, dass man tolerant sein muss und dass die Vielfalt schön ist.

A: …

B: Sage, dass man dafür Leute treffen und mit ihnen reden muss. Sage, dass wir alle unterschiedlich sind.

A: …

B: Sage, dass das ein schöner Satz ist, den ihr im Unterricht sagen könnt, weil der Lehrer dann glücklich ist. Du bemerkst, dass es klingelt und fragst A, ob ihr losgeht.

A: …

Illustration: Cornelsen Schulverlage / Laurent Lalo

Module E mit Lösungen — A

Détruisons les préjugés!

À la cantine, tu parles avec un/e camarade de classe parce que tu as lu un article sur les préjugés racistes. Tu veux savoir ce qu'il/elle pense à propos de cela parce que tu crois que vous allez aussi en parler en cours.
Tu commences.

A: Frage B, ob er/sie Zeitung gelesen hat. Dort stand ein Artikel über rassistische Äußerungen gegenüber Einwanderern. Sage, dass das unglaublich ist und dass euer Lehrer darüber sicher im Unterricht mit euch reden wird.
(B: Oui, tu as raison! Je ne comprends pas ces gens qui rejettent les immigrés. Ils ont tous des préjugés!)
A: Stimme B zu. Berichte, dass du wütend gewesen bist, nachdem du einmal mit deiner Oma gesprochen hast, weil sie nicht verstanden hat, dass Einwanderer oft schon die französische Staatsbürgerschaft haben. Erkläre, dass sie immer von „Arabern" spricht und dass sie viele Vorurteile hat, obwohl sie keine Einwanderer kennt.
(B: Quand j'entends ça, je dis souvent: « Et toi, tu savais que les blancs ne savent pas danser? ». C'est vraiment n'importe quoi! Je pense qu'il faut être tolérant. La diversité est si belle!)
A: Stimme B zu. Sage, dass du es wichtig findest, über Unterschiede und auch über Probleme zu sprechen. So kann man Vorurteile zerstören.
(B: Et pour cela, il faut rencontrer les gens et parler avec eux. Tu sais, nous sommes tous différents.)
A: Sage, dass man sich über alles lustig machen kann, was anders ist, aber dass das nicht richtig ist.
(B: C'est une belle phrase. On peut la dire en cours – le prof va être content! Ça sonne. On y va?)
A: Stimme zu.

Illustration: Cornelsen Schulverlage / Laurent Lalo

Module E mit Lösungen — B

Détruisons les préjugés!

À la cantine, tu parles avec un/e camarade de classe parce qu'il/elle a lu un article sur les préjugés racistes. Il/Elle croit que le prof va en parler en cours. A commence.

(A: Tu as lu le journal hier? Il y avait un article sur les propos racistes contre les immigrés. C'est incroyable! Notre prof va en parler en cours, c'est sûr.)
B: Stimme zu und ergänze, dass du die Leute nicht verstehen kannst, die die Einwanderer zurückweisen. Sage, dass sie alle Vorurteile haben.
(A: C'est ça. Après avoir parlé à ma grand-mère un jour, j'étais furieux/-euse parce qu'elle n'a pas compris que les immigrés ont souvent la nationalité française maintenant. Elle parle toujours des « Arabes » et a beaucoup de préjugés, mais elle ne connaît pas d'immigrés.)
B: Sage A, dass du oft sagst, wenn du so etwas hörst: „Wusstest du eigentlich schon, dass die Weißen nicht tanzen können?" Das ist wirklich Quatsch. Du denkst, dass man tolerant sein muss und dass die Vielfalt schön ist.
(A: C'est vrai. Mais je trouve important qu'on parle des différences et aussi des problèmes. Comme ça, on peut détruire les préjugés.)
B: Sage, dass man dafür Leute treffen und mit ihnen reden muss. Sage, dass wir alle unterschiedlich sind.
(A: Et on peut se moquer de tout ce qui est différent, mais ce n'est pas juste.)
B: Sage, dass das ein schöner Satz ist, den ihr im Unterricht sagen könnt, weil der Lehrer dann glücklich ist. Du bemerkst, dass es klingelt und fragst A, ob ihr losgeht.
(A: On y va!)

Illustration: Cornelsen Schulverlage / Laurent Lalo

Module F **A**

Un cadeau pour Julien

Avec un/e ami/e (B), tu cherches un cadeau pour un autre ami, Julien.
Vous pensez à une bédé. Vous discutez alors quelle bédé serait parfaite.
Tu commences.

A: Frage B, welchen Comic euer Freund mögen wird. *(quel/quelle – une bédé)*
B: …
A: Sage, dass du den noch nicht kennst und frage, welches Comic-Genre das ist. *(quel genre de)*
B: …
A: Du bist dir nicht sicher, ob er dieses Comic-Genre mag. Stelle heraus, dass du eher Graphic Novels und Mangas magst, weil die Qualität der Zeichnungen sehr wichtig für dich ist. In den humoristischen Comics achten sie eher auf die Witze. *(le genre – les romans graphiques – le dessin – faire attention aux blagues)*
B: …
A: Schlage vor, deinen Lieblingscomic „La marche du crabe**“ zu nehmen. Er handelt von Krebsen, die eine Revolution machen. Begründe deinen Vorschlag, indem du sagst, dass das originell und gut gemacht ist.** *(une bédé préférée – des crabes – faire la révolution – original)*
B: …
A: Nimm den Vorschlag an.

Illustration: Cornelsen Schulverlage / Laurent Lalo

Module F **B**

Un cadeau pour Julien

Avec un/e ami/e (A), tu cherches un cadeau pour un autre ami, Julien.
Vous pensez à une bédé. Vous discutez alors quelle bédé serait parfaite.
A commence.

A: …
B: Zögere und sage, dass du das nicht weißt. Erzähle, dass du gerade einen sehr coolen Comic gelesen hast. Er heißt „Pico Bogue“. Frage A, ob er/sie den kennt. *(venir de faire qc – une bédé)*
A: …
B: Sage, dass das ein humoristischer Comic ist und von einem kleinen Jungen und seinem täglichen Leben erzählt. Sage, dass du Fan von diesem Genre bist. *(une bédé d'humour – la vie quotidienne)*
A: …
B: Stimme A zu. Sage, dass du die Geschichten der Graphic Novels nicht magst, weil sie zu ernst und manchmal langweilig sind. Du bist unsicher, was Julian angeht. Gib zu Bedenken, dass er gut im Zeichnen ist, aber auch viel Humor hat. *(les romans graphiques – sérieux/-euse – ennuyeux/-euse – être fort en)*
A: …
B: Sage, dass das interessant scheint und schlage vor, das gemeinsam kaufen zu gehen. *(avoir l'air)*
A: …

Illustration: Cornelsen Schulverlage / Laurent Lalo

Module F mit Lösungen **A**

Un cadeau pour Julien

Avec un/e ami/e (B), tu cherches un cadeau pour un autre ami, Julien. Vous pensez à une bédé. Vous discutez alors quelle bédé serait parfaite. Tu commences.

A: Frage B, welchen Comic euer Freund mögen wird. *(quel/quelle – une bédé)*
(B: Euh ... je ne sais pas. Moi, je viens de lire une bédé super cool. Elle s'appelle « Pico Bogue ». Tu la connais?)
A: Sage, dass du den noch nicht kennst und frage, welches Comic-Genre das ist. *(quel genre de)*
(B: C'est une bédé d'humour. Elle parle d'un petit garçon et de sa vie quotidienne. Je suis fan de ce genre.)
A: Du bist dir nicht sicher, ob er dieses Comic-Genre mag. Stelle heraus, dass du eher Graphic Novels und Mangas magst, weil die Qualität der Zeichnungen sehr wichtig für dich ist. In den humoristischen Comics achten sie eher auf die Witze. *(le genre – les romans graphiques – le dessin – faire attention aux blagues)*
(B: Tu as raison. Moi, je n'aime pas les histoires des romans graphiques. Elles sont trop sérieuses et parfois ennuyeuses. Mais pour Julien, je ne sais pas. Il est fort en dessin, et il a aussi beaucoup d'humour ...)
A: Schlage vor, deinen Lieblingscomic „La marche du crabe" zu nehmen. Er handelt von Krebsen, die eine Revolution machen. Begründe deinen Vorschlag, indem du sagst, dass das originell und gut gemacht ist. *(une bédé préférée – des crabes – faire la révolution – original)*
(B: Ah, ça a l'air intéressant. On va l'acheter ensemble?)
A: Nimm den Vorschlag an.

Illustration: Cornelsen Schulverlage / Laurent Lalo

Module F mit Lösungen **B**

Un cadeau pour Julien

Avec un/e ami/e (A), tu cherches un cadeau pour un autre ami, Julien. Vous pensez à une bédé. Vous discutez alors quelle bédé serait parfaite. A commence.

(A: Quelle bédé est-ce qu'il va aimer?)
B: Zögere und sage, dass du das nicht weißt. Erzähle, dass du gerade einen sehr coolen Comic gelesen hast. Er heißt „Pico Bogue". Frage A, ob er/sie den kennt. *(venir de faire qc – une bédé)*
(A: Non, pas encore. C'est quel genre de bédé?)
B: Sage, dass das ein humoristischer Comic ist und von einem kleinen Jungen und seinem täglichen Leben erzählt. Sage, dass du Fan von diesem Genre bist. *(une bédé d'humour – la vie quotidienne)*
(A: Je ne sais pas s'il aime ce genre de bédé. Moi, je préfère plutôt les romans graphiques et les mangas parce que la qualité du dessin est très importante pour moi. Dans les bédés d'humour, ils font plus attention aux blagues.)
B: Stimme A zu. Sage, dass du die Geschichten der Graphic Novels nicht magst, weil sie zu ernst und manchmal langweilig sind. Du bist unsicher, was Julian angeht. Gib zu Bedenken, dass er gut im Zeichnen ist, aber auch viel Humor hat. *(les romans graphiques – sérieux/-euse – ennuyeux/-euse – être fort en)*
(A: Alors, on pourrait peut-être prendre ma bédé préférée, c'est « La marche du crabe ». On y voit des crabes qui font la révolution. C'est original et bien fait.)
B: Sage, dass das interessant scheint und schlage vor, das gemeinsam kaufen zu gehen. *(avoir l'air)*
(A: Oui, d'accord.)

Illustration: Cornelsen Schulverlage / Laurent Lalo

Module F — A

Un cadeau pour Julien

Avec un/e ami/e (B), tu cherches un cadeau pour un autre ami, Julien. Vous pensez à une bédé et alors, vous discutez quelle bédé serait parfaite.
Tu commences.

A: Frage B, welchen Comic euer Freund mögen wird.
B: ...
A: Sage, dass du den noch nicht kennst und frage, welches Comic-Genre das ist.
B: ...
A: Du bist dir nicht sicher, ob er dieses Comic-Genre mag. Stelle heraus, dass du eher Graphic Novels und Mangas magst, weil die Qualität der Zeichnungen sehr wichtig für dich ist. In den humoristischen Comics achten sie eher auf die Witze.
B: ...
A: Schlage vor, deinen Lieblingscomic „La marche du crabe**“ zu nehmen. Er handelt von Krebsen, die eine Revolution machen. Begründe deinen Vorschlag, indem du sagst, dass das originell und gut gemacht ist.**
B: ...
A: Nimm den Vorschlag an.

Illustration: Cornelsen Schulverlage / Laurent Lalo

Module F — B

Un cadeau pour Julien

Avec un/e ami/e (A), tu cherches un cadeau pour un autre ami, Julien. Vous pensez à une bédé. Vous discutez alors quelle bédé serait parfaite.
A commence.

A: ...
B: Zögere und sage, dass du das nicht weißt. Erzähle, dass du gerade einen sehr coolen Comic gelesen hast. Er heißt „Pico Bogue“. Frage A, ob er/sie den kennt.
A: ...
B: Sage, dass das ein humoristischer Comic ist und von einem kleinen Jungen und seinem täglichen Leben erzählt. Sage, dass du Fan von diesem Genre bist.
A: ...
B: Stimme A zu. Sage, dass du die Geschichten der Graphic Novels nicht magst, weil sie zu ernst und manchmal langweilig sind. Du bist unsicher, was Julian angeht. Gib zu Bedenken, dass er gut im Zeichnen ist, aber auch viel Humor hat.
A: ...
B: Sage, dass das interessant scheint und schlage vor, das gemeinsam kaufen zu gehen.
A: ...

Illustration: Cornelsen Schulverlage / Laurent Lalo

Module F mit Lösungen **A**

Un cadeau pour Julien

Avec un/e ami/e (B), tu cherches un cadeau pour un autre ami, Julien. Vous pensez à une bédé. Vous discutez alors quelle bédé serait parfaite. Tu commences.

A: Frage B, welchen Comic euer Freund mögen wird.
(B: Euh ... je ne sais pas. Moi, je viens de lire une bédé super cool. Elle s'appelle « Pico Bogue ». Tu la connais?)
A: Sage, dass du den noch nicht kennst und frage, welches Comic-Genre das ist.
(B: C'est une bédé d'humour. Elle parle d'un petit garçon et de sa vie quotidienne. Je suis fan de ce genre.)
A: Du bist dir nicht sicher, ob er dieses Comic-Genre mag. Stelle heraus, dass du eher Graphic Novels und Mangas magst, weil die Qualität der Zeichnungen sehr wichtig für dich ist. In den humoristischen Comics achten sie eher auf die Witze.
(B: Tu as raison. Moi, je n'aime pas les histoires des romans graphiques. Elles sont trop sérieuses et parfois ennuyeuses. Mais pour Julien, je ne sais pas. Il est fort en dessin, et il a aussi beaucoup d'humour ...)
A: Schlage vor, deinen Lieblingscomic „La marche du crabe" zu nehmen. Er handelt von Krebsen, die eine Revolution machen. Begründe deinen Vorschlag, indem du sagst, dass das originell und gut gemacht ist.
(B: Ah, ça a l'air intéressant. On va l'acheter ensemble?)
A: Nimm den Vorschlag an.

Illustration: Cornelsen Schulverlage / Laurent Lalo

Module F mit Lösungen **B**

Un cadeau pour Julien

Avec un/e ami/e (A), tu cherches un cadeau pour un autre ami, Julien. Vous pensez à une bédé. Vous discutez alors quelle bédé serait parfaite. A commence.

(A: Quelle bédé est-ce qu'il va aimer?)
B: Zögere und sage, dass du das nicht weißt. Erzähle, dass du gerade einen sehr coolen Comic gelesen hast. Er heißt „Pico Bogue". Frage A, ob er/sie den kennt.
(A: Non, pas encore. C'est quel genre de bédé?)
B: Sage, dass das ein humoristischer Comic ist und von einem kleinen Jungen und seinem täglichen Leben erzählt. Sage, dass du Fan von diesem Genre bist.
(A: Je ne sais pas s'il aime ce genre de bédé. Moi, je préfère plutôt les romans graphiques et les mangas parce que la qualité du dessin est très importante pour moi. Dans les bédés d'humour, ils font plus attention aux blagues.)
B: Stimme A zu. Sage, dass du die Geschichten der Graphic Novels nicht magst, weil sie zu ernst und manchmal langweilig sind. Du bist unsicher, was Julian angeht. Gib zu Bedenken, dass er gut im Zeichnen ist, aber auch viel Humor hat.
(A: Alors, on pourrait peut-être prendre ma bédé préférée, c'est « La marche du crabe ». On y voit des crabes qui font la révolution. C'est original et bien fait.)
B: Sage, dass das interessant scheint und schlage vor, das gemeinsam kaufen zu gehen.
(A: Oui, d'accord.)

Illustration: Cornelsen Schulverlage / Laurent Lalo

Unité 1: DIALOGUE 1 Lösungsvorschlag — Tu as déjà des idées pour ton avenir?

A: Salut (*Julie*)! On va bientôt faire notre stage. Je ne sais pas encore ce que je pourrais faire comme stage. Tu as déjà des idées pour ton avenir?
B: Je voudrais devenir acteur/actrice parce que le cinéma, c'est ma passion. En plus, j'aime faire du théâtre. Alors, j'essaie d'y faire mon stage.
A: Ah, mais ce n'est pas facile de trouver une place dans une formation après.
B: Je sais, mais je suis prêt/e à travailler beaucoup pour pouvoir vivre mon rêve. Je vais souvent au théâtre et je regarde beaucoup de films. En plus, j'ai déjà joué un rôle dans une pièce de théâtre au collège.
A: Alors, tu as déjà un peu d'expérience, ce n'est pas mal. Tu pourrais aussi t'entraîner avec un acteur de votre club de théâtre pour réussir.
B: Oui, c'est une bonne idée. Et toi, tu sais déjà ce que tu veux faire plus tard?
A: Je ne sais pas encore, mais je voudrais avoir un travail passionnant. Tu peux me donner un conseil?
B: Moi, à ta place, je deviendrais médecin parce que tu es doué/e pour le travail avec les gens, tu es fort/e en SVT et en plus, tu as de bonnes notes.
A: Oui, pourquoi pas? Mais je ne crois pas que mes parents soient d'accord. C'est une formation longue et ça coûte cher.
B: Moi, à ta place, je leur parlerais. Je suis sûr/e qu'ils comprendront.

Unité 1: DIALOGUE 2 Lösungsvorschlag — Nos idoles

A: Hier soir, j'ai regardé le match de foot. Tu sais, (*Kevin De Bruyne*), c'est quelqu'un que j'admire vraiment.
B: Ah bon? Pourquoi? Je ne le connais pas très bien.
A: C'est un des meilleurs joueurs de foot du moment. Ce qui m'impressionne le plus chez lui, c'est qu'il s'engage pendant les matchs. Il est vraiment très fort. Tu ne penses pas?
B: Je ne sais pas. Le foot, ce n'est pas mon truc. Je m'intéresse plutôt à la musique.
A: La musique? Tu joues d'un instrument? Ou est-ce que tu aimes seulement l'écouter?
B: Je joue de la batterie, oui, mais j'adore écouter la musique de ZAZ. Je l'admire beaucoup.
A: Oui, elle est cool. Mais qu'est-ce qui te plaît le plus chez elle?
B: Personne ne sait chanter comme elle: elle a une très belle voix et elle est très créative. Elle est différente.
A: Je ne la connais pas autant que toi. Pourquoi est-ce qu'elle est différente?
B: Elle utilise différents styles de musique et invente ainsi son propre style. En plus, elle s'engage aussi.
A: Tu as raison, j'ai lu un article sur «Colibris». C'est l'association dans laquelle elle s'engage, non?
B: Oui, c'est vraiment quelqu'un de bien. Je voudrais lui ressembler.

Unité 2: DIALOGUE 1 Lösungsvorschlag — Zut, je ne connais pas le mot!

A: Est-ce que tu peux me donner un ...? ... Zut, je ne connais pas le mot français pour ça!
B: Ce n'est pas grave. Explique-moi: pour quoi est-ce qu'on l'utilise?
A: J'ai besoin d'un objet en carton qu'on trouve dans les bureaux. On l'utilise pour y mettre des feuilles.
B: Ah, je vois ce que tu veux dire! Un classeur. Attends, je vais en chercher un.
A: Merci. C'est gentil.
B: Par contre, moi je suis en train de faire mes devoirs d'allemand et je cherche le mot pour «cage». Tu le connais?
A: Non, explique: à quoi ça ressemble?
B: Ça ressemble à un grand carton, mais c'est en métal. Il le faut pour y mettre les animaux comme par exemple les lapins.
A: Ah, tu veux dire «ein Käfig».
B: Oui, c'est ça. Merci beaucoup.

Unité 2: DIALOGUE 2 Lösungsvorschlag — Mes expériences en France

A: Salut, (*Tim*)! Tu es ici en France pour deux mois. Ça se passe comment, ton séjour?
B: Ça se passe bien! Au début, j'avais peur que les gens parlent trop vite et que les Français ne me comprennent pas. Mais ce n'est pas un grand problème. Par contre, ma famille me manque un peu.
A: Qu'est-ce que tu as fait avec ton/ta corres?
B: On s'entend très bien. Je suis allé/e à l'école avec elle/lui, mais on a aussi visité la vieille ville, fait du shopping et mangé beaucoup. J'aime bien les repas chez la famille de mon/ma corres.
A: Est-ce qu'il y avait des moments drôles avec la famille?
B: Oui. Un jour, j'ai dit: «J'ai besoin d'une batterie pour ma montre.» Tout le monde m'a regardé bizarrement. «Batterie», c'est un faux ami et autre chose, mais je ne le savais pas.
A: Tu as raison! Il y avait aussi un malentendu quand j'étais en Allemagne parce que j'ai dit: «Ich kaufe uns ein ‹Glas› au lieu de dire ‹Eis› et mon/ma corres n'a pas compris pourquoi je lui avais demandé ‹Schokolade und Zitrone?›».
Est-ce que tu as aussi découvert des habitudes différentes?
B: Oui, par exemple, ici, on boit souvent de l'eau plate. Mais chez nous, on a l'habitude de boire de l'eau gazeuse. Au début, c'était bizarre, mais plus maintenant.
A: Et à l'école, ça va?
B: Oui c'est différent, mais intéressant. Le travail en groupe me manque un peu.
A: Merci, (*Tim*), pour l'interview.

Unité 3: DIALOGUE 1 Lösungsvorschlag — Le Sénégal

A: Salut (*Baila*), ça va? Tu aimes faire l'expérience de vivre quelques mois en Allemagne?
B: Oui, c'est très enrichissant. Il y a beaucoup de choses à découvrir ici. Chez moi, c'est souvent assez différent.
A: Je connais très peu le Sénégal. Est-ce que tu pourrais me parler un peu de ton pays et des différences?
B: Oui, bien sûr! Le Sénégal est plus petit que l'Allemagne, il y a environ 14 millions d'habitants, mais on parle beaucoup plus de langues!
A: Ça, je le sais. Le français, c'est la langue officielle, non? Et quelles autres langues est-ce qu'on y parle?
B: Il y a des langues nationales comme le wolof ou le peul qu'on parle dans les familles ou sur les marchés.
A: Ah, j'aimerais trop parler plusieurs langues. C'est beaucoup plus pratique que de les apprendre à l'école. Les marchés sont importants pour vous?
B: Oui! Et il y a une grande différence: chez nous, on ne paie pas un prix fixe comme chez vous, mais on marchande. C'est absolument nécessaire parce que sinon, les marchands ne sont pas contents.
A: Et si tu commences à marchander ici, les gens deviennent parfois furieux ... À propos, j'ai vu à la télé qu'il y a un sport spécial chez vous, la lutte. Tu y es déjà allé/e?
B: Oui, c'est très populaire chez nous, encore plus que le foot! Les stades sont pleins et l'ambiance est géniale. Les hommes qui font de la lutte se préparent énormément. Ils sont comme des superhéros pour moi.
A: Je vois que tu es un vrai fan de ce sport!

Unité 3: DIALOGUE 2 Lösungsvorschlag — Les stars du cinéma

A: Salut (*Antoine*), ça va? C'était comment, ton week-end?
B: C'était bien. Samedi, je suis allé/e au cinéma avec mon frère pour regarder le film «Aya de Yopougon». Il nous a beaucoup plu!
A: C'est le film de la bédé de Marguerite Abouet, non? Cette femme est géniale! J'aime bien qu'elle donne une image réaliste de son pays, la Côte d'Ivoire.
B: Oui, c'est vrai. Mais maintenant, elle vit près de Paris où elle s'engage aussi pour les enfants en Afrique. Elle a même fondé une organisation pour y créer des bibliothèques. Dans «Aya», elle raconte l'Afrique de son enfance. C'est vraiment intéressant à voir. Tu dois aller le voir aussi.
A: Moi, j'ai lu la bédé et je n'aime pas trop voir le film quand j'ai lu le livre. Par contre, tu connais le film «Marock»? C'est un film avec Fatym Layachi que j'aimerais voir.
B: Non, je ne le connais pas. Fatym Layachi, c'est une actrice célèbre?
A: Oui, c'est une star au Maroc où elle est née. Les jeunes pensent qu'elle est un symbole de la femme moderne. La liberté est très importante pour elle.
B: C'est intéressant. On pourrait peut-être regarder le film ensemble?
A: Bonne idée!

À plus! 4

Nouvelle édition

Dialogkarten

Cornelsen

Module A Lösungsvorschlag — Moi, j'aurais répondu tout de suite!

A: Salut (*Anne*)! Ça ne va pas? Tu as l'air triste aujourd'hui.

B: Non, ça ne va pas trop. Hier, mon ami/e m'a écrit un message où il/elle m'a dit qu'il/elle était triste, mais je n'ai pas répondu. Maintenant, il/elle est furieux/-euse.

A: Mais pourquoi est-ce que tu n'as pas répondu? Tu aurais dû lui écrire tout de suite!

B: Tu as raison, j'aurais dû, mais j'ai dû partir pour mon entraînement, et après, j'ai oublié. Je suis vraiment désolé/e, mais il/elle ne veut plus me parler.

A: Moi, à ta place, j'aurais répondu tout de suite. Un/e ami/e est plus important/e qu'un entraînement. Tu aurais pu l'aider.

B: Oui, c'est vrai. Mais il/elle aurait aussi pu m'appeler. Un message, on ne le lit pas toujours tout de suite.

A: Mais toi, tu les lis toujours, on le sait. Essaie de lui écrire un beau message dans lequel tu dis « Pardon ». C'est la meilleure solution.

B: Tu crois? Bon, je vais essayer. Mais je lui dis quand même qu'il/elle aurait dû m'appeler et qu'il/elle peut m'appeler toujours quand il y a un problème.

Module B Lösungsvorschlag — C'est utile d'apprendre les langues étrangères?

A: Tu trouves que c'est facile, le français?

B: Ça va, mais c'est une belle langue. Et pour toi, l'allemand c'est facile?

A: Non, c'est un peu compliqué pour moi. Mais je préfère parler allemand avec toi et pas en cours parce que c'est plus naturel. Est-ce que tu trouves que c'est utile d'apprendre le français à l'école?

B: Oui, c'est utile pour faire un échange et parce que dans le monde, il y a beaucoup de pays francophones. Par contre, tout le monde parle anglais.

A: Là, je suis d'accord avec toi. Mais ma mère dit toujours qu'il est important d'apprendre l'allemand parce que l'Allemagne est notre pays voisin. Et puis, nous vivons en Europe et alors, il faut parler plusieurs langues européennes.

B: Elle a raison, les deux pays coopèrent beaucoup dans le domaine de l'économie. Et ça sera peut-être important pour notre avenir professionnel.

A: Peut-être. Ce que j'aime, c'est qu'on apprend beaucoup sur la culture.

B: Tu as raison. Mais je pense quand même que l'anglais est la langue la plus utile.

Module C Lösungsvorschlag — La pub

A: Qu'est-ce qu'on regarde ce soir à la télé? Un film?

B: Ah non, il y a trop de publicité pendant le film. Je déteste ça. Un film, il faut le voir en une fois.

A: Écoute, la publicité est importante. Les entreprises donnent de l'argent et comme ça, il ne faut pas payer pour regarder un film. En plus, j'aime bien voir les nouveaux produits qui existent.

B: Mais la pub nous ment! Elle fait tout pour convaincre les consommateurs! Elle utilise même des faux labels et suggère qu'un produit est génial, mais souvent on n'apprend rien sur ce produit.

A: Ce n'est pas vrai. Elle nous donne des informations importantes. En plus, tu es assez intelligent/e pour comprendre quand elle nous manipule. J'aime bien décoder la publicité.

B: Mais ça ne se voit pas toujours qu'on nous manipule. Ils utilisent des belles images, des slogans faciles ou drôles, une bonne ambiance pour nous convaincre. Quand je veux avoir des informations sur un produit, je les cherche sur Internet, et pas pendant un film.

A: D'accord, j'ai compris. On regarde alors un film en DVD?

B: Bonne idée.

Module D Lösungsvorschlag — On part en vacances ensemble!

A: C'est génial! Mes parents sont d'accord! On peut partir en vacances ensemble. Où est-ce que tu aimerais aller?
B: J'aimerais aller au bord de la mer parce que je voudrais aller à la plage et me baigner souvent. Et en plus, on peut y rencontrer beaucoup de gens sympa.
A: Moi aussi, j'aimerais bronzer, mais j'aime aussi être dans la nature et découvrir des paysages. J'aime bien faire des activités comme le rafting ou le surf.
B: Du sport pendant les vacances? Ce n'est pas mon truc. Mais des balades, ça irait. D'ailleurs, tu préfères la France ou un autre pays?
A: La France. Mes parents veulent que je reste en France. Ils auraient trop peur des problèmes dans d'autres pays. Laisse-moi réfléchir: on pourrait peut-être aller en Aquitaine. Là-bas, il y a la mer et de belles plages.
B: Ça me plairait beaucoup. J'aime bien l'océan et je n'ai pas encore vu la dune du Pilat. On dit qu'elle est magnifique. Mais toi, tu voudrais faire du sport. Qu'est-ce que tu pourrais y faire?
A: Du surf. L'océan est l'endroit idéal pour faire cela. Et la dune du Pilat m'intéresse aussi. Comme ça, on pourrait faire tout ce qu'on veut: la plage, la nature et du sport.
B: Super! On cherche alors un camping au bord de la mer?
A: Bonne idée. On y va?
B: On y va.

Module E Lösungsvorschlag — Détruisons les préjugés!

A: Tu as lu le journal hier? Il y avait un article sur les propos racistes contre les immigrés. C'est incroyable! Notre prof va en parler en cours, c'est sûr.
B: Oui, tu as raison! Je ne comprends pas ces gens qui rejettent les immigrés. Ils ont tous des préjugés!
A: C'est ça. Après avoir parlé à ma grand-mère un jour, j'étais furieux/-euse parce qu'elle n'a pas compris que les immigrés ont souvent la nationalité française maintenant. Elle parle toujours des «Arabes» et a beaucoup de préjugés, mais elle ne connaît pas d'immigrés.
B: Quand j'entends ça, je dis souvent: «Et toi, tu savais que les blancs ne savent pas danser?». C'est vraiment n'importe quoi! Je pense qu'il faut être tolérant. La diversité est si belle!
A: C'est vrai. Mais je trouve important qu'on parle des différences et aussi des problèmes. Comme ça, on peut détruire les préjugés.
B: Et pour cela, il faut rencontrer les gens et parler avec eux. Tu sais, nous sommes tous différents.
A: Et on peut se moquer de tout ce qui est différent, mais ce n'est pas juste.
B: C'est une belle phrase. On peut la dire en cours – le prof va être content! Ça sonne. On y va?
A: On y va!

Module F Lösungsvorschlag — Un cadeau pour Julien

A: Quelle bédé est-ce qu'il va aimer?
B: Euh ... je ne sais pas. Moi, je viens de lire une bédé super cool. Elle s'appelle «Pico Bogue». Tu la connais?
A: Non, pas encore. C'est quel genre de bédé?
B: C'est une bédé d'humour. Elle parle d'un petit garçon et de sa vie quotidienne. Je suis fan de ce genre.
A: Je ne sais pas s'il aime ce genre de bédé. Moi, je préfère plutôt les romans graphiques et les mangas parce que la qualité du dessin est très importante pour moi. Dans les bédés d'humour, ils font plus attention aux blagues.
B: Tu as raison. Moi, je n'aime pas les histoires des romans graphiques. Elles sont trop sérieuses et parfois ennuyeuses. Mais pour Julien, je ne sais pas. Il est fort en dessin, et il a aussi beaucoup d'humour ...
A: Alors, on pourrait peut-être prendre ma bédé préférée, c'est «La marche du crabe». On y voit des crabes qui font la révolution. C'est original et bien fait.
B: Ah, ça a l'air intéressant. On va l'acheter ensemble?
A: Oui, d'accord.